KB061480

골든 아시아

골든 아시아

초판 1쇄 인쇄 2016년 9월 10일
초판 1쇄 발행 2016년 9월 20일

지은이 KBS 〈골든 아시아〉 제작팀
펴낸이 연준혁

출판3분사 편집장 오유미

펴낸곳 (주)위즈덤하우스 **출판등록** 2000년 5월 23일 제13-1071호
주소 (410-380) 경기도 고양시 일산동구 정발산로 43-20 센트럴프라자 6층
전화 031)936-4000 **팩스** 031)936-3891 **홈페이지** www.wisdomhouse.co.kr

ⓒ KBS 〈골든 아시아〉 제작팀, 2016
값 14,800원
ISBN 978-89-6086-983-7 03320

＊본 책자의 출판권은 KBS미디어㈜를 통해 KBS와 저작권 계약을 맺은 ㈜위즈덤하우스에 있습니다.
＊잘못된 책은 바꿔드립니다.
＊이 책의 전부 또는 일부 내용을 재사용하려면
  사전에 저작권자와 (주)위즈덤하우스의 동의를 받아야 합니다.

마지막 기회의 땅, 동남아시아에 배팅하라

골든 아시아

KBS 〈골든 아시아〉 제작팀 지음

위즈덤하우스

아세안에 주목해야 하는 이유

2015년 말, 동남아시아 10개국이 뭉친 세계 최대의 단일 시장 '아세안 경제공동체(AEC : ASEAN Economic Community)'가 전격 출범했다.

AEC는 현재 빠르게 성장하고 있는 동남아시아 국가들, 즉 미얀마, 태국, 라오스, 캄보디아, 베트남, 말레이시아, 브루나이, 싱가포르, 인도네시아, 필리핀의 10개국으로 구성된 아세안(ASEAN : Association of Southeast Asian Nations, 동남아시아국가연합)이 경제라는 공동 목표를 위해 손잡은 하나의 공동체다. 10개 회원국은 종교도, 이념도, 언어도, 국가 규모도, 1인당 GDP도 저마다 다르지만 하나의 연합으로 뭉침으로써 인구 6억 4,000만 명의 거대한 시장으로 재탄생하게 되었다.

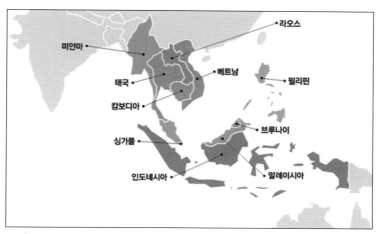

AEC(ASEAN Economic Community) 10개국

그렇다면 왜 전 세계는 '아세안'에 주목하는 것일까? 아세안이 가진 잠재력은 무엇일까? 아세안에 세계의 관심이 쏠리고 있는 이유는 향후 10년에서 20년 이내에 지구상 어느 곳보다도 빠른 경제성장이 예상되는 지역이기 때문이다. 최근 제조업의 중심지가 중국에서 아세안으로 이동하면서 소위 '넥스트 차이나'로 평가받고 있는 아세안은 지금 변화의 소용돌이 속에서 '황금시대'를 꿈꾸며 과거와는 전혀 다른 새로운 미래를 준비하고 있다.

이미 고령화 사회로 접어든 중국을 비롯해 여러 선진국들의 성장세가 둔화되고 있는 반면, 아세안은 인구의 대부분이 30대 이하로 세계에서 가장 젊은 땅이다. 그리고 생산력에 있어서나 소비력에 있어서나 단연 놀라운 성장세를 보이고 있다.

20세기까지 수세기 동안 아세안은 서구 열강의 침략과 수탈, 그리고 독재와 내전으로 질곡의 시간을 보냈다. 하지만 21세기에 접어들고부터는 점차 정치적 안정성을 향해 나아가는 동시에 꾸준한 경제성장률을 기록하고 있다.

이에 동서양의 글로벌 기업들이 발 빠르게 아세안으로 속속 모여들어 치열한 주도권 다툼을 펼치며 각자의 성장 기회를 노리고 있다. 이러한 접전은 한편으로는 아세안 각국의 경제성장을 가속화시키는 데 도움이 되고 있다. 국민의 대부분이 농업과 어업에 종사하던 국가들이었으나 이제는 명실상부한 산업화와 도시화를 이루며 역동적으로 발전하고 있다. 6억 4,000만 명의 내수시장은 무서운 잠재력을 지니고 있고, 땅 위와 땅 밑, 바다 밑까지 풍부하게 보유하고 있는 천연자원과 관광자원은 아세안의 미래를 보장해준다. 잘 교육받은 젊고 창의적인 신세대들은 글로벌한 정보력과 패기를 갖추고 미래를 이끌어가는 주역이 되기 위해 준비하고 있다. 이러한 변화들이 세계 경제의 흐름마저 바꿔놓고 있다는 점에서 전 세계는 아세안을 주시하지 않을 수 없게 되었다.

제작진은 아세안의 이러한 빠른 변화에 일찍이 주목하여 AEC의 출범 이전부터 취재를 준비해왔다. 제작진에게 주어진 가장 큰 과제는 아세안에 대한 기존의 선입견과 미래 보고서 사이의 거대한 간극을 넘어서는 일이었다. '게으른 사람들, 상투적인 패키지 관광상품들, 조잡한 전자제품'과 같은 편견과 달리, '젊은 인구 비율이 가장 높은 문화권, 중국 이후 대한민국의 미래 산업과 먹거리를 좌우할 땅'이라는 수많은 통계와 분석 자료들은 오히려 혼동을 초래할 정도였다.

여러 달에 걸쳐 아세안 10개국을 종횡무진 뛰어다닌 결과, 놀랍도록 역동적으로 변화하고 있는 지금 이 순간의 아세안 모습을 담아낼 수 있었다. 코끼리와 야자수가 있는 밀림의 비포장도로와 빌딩숲 가득한 대도시의 마천루에서, 공장단지의 어두운 기숙사와 대통령의 집무실에서, 건기의 메콩 강과 말라카 해협에서, 하루 벌어 하루 먹고살기도 버거운 빈민가와 영화의 한 장면 같은 럭셔리한 일상을 누리는 슈퍼리치의 대저택 안방에서, 우리의 카메라는 이 거대한 문화권이 도약하고 있는 현장을 포착했다. 그리고 새로운 시각으로 그들을 바라볼 수 있었다. 미래 보고서에 나오는 수많은 수치와 전망은 때로는 적확하게, 때로는 완전히 다른 방향으로 10개국 약 6억 4,000만 명의 삶과 욕망을 가리키고 있었다. 10개국 구석구석을 누비며 슈퍼카를 장난감 삼아 수집하는 각국의 재벌부터 베트남 거리의 오토바이택시 운전기사까지 각계각층의 인물을 만나는 놀라운 경험을 했다.

그중에서도 신흥 강대국으로 떠오르고 있는 인도네시아에서 가장 '핫'한 인물로 꼽히는 조코 위도도 대통령을 한국 방송 사상 최초로 단독 인터뷰할 수 있었던 것은 무척 뜻 깊은 일이었다.

제작진이 취재하고 인터뷰한 풍경과 사람들은 이제까지 우리나라에 잘 알려져 있지 않았던 아세안의 가장 현실적이고 업그레이드된 모습이라 해도 과언이 아닐 것이다. 가난과 부패, 상처투성이의 역사를 딛고 매우 빠른 속도로 산업화를 이루며 성장하고 있다는 점에서 한국의 산업화 시절을 연상케 하는 부분도 적지 않았다. 동남아 사람들은 게으를 것이라는 막연한 편견과는 달리, 부지런하고 교육열이 높으며 성공에 대한 열망이 강한 아세안 각국 사람들의 모습 역시 깊은 인상을 남겼다.

제작진은 위대한 제국의 가난한 후손이라는 역사적 굴레를 벗어나 엄청난 자원과 인구통계학적 에너지로 도약하고 있는 이 문화권의 '거대한 반격'을 기록하고자 했다. 이 책은 2015년 6월 4일부터 12일까지 KBS에서 4부작으로 방영된 다큐멘터리 〈골든 아시아〉를 정리한 것이다. 방송에 나온 내용은 물론이거니와 방송 시간과 편성의 제약으로 인해 미처 내보내지 못한 취재 내용과 인터뷰까지 상세하고 풍성하게 수록했다.

아세안의 오늘은 한국의 과거와 현재, 미래에 대해서도 시사하는 바가 클 것이다. 한국과 매우 가까운 이웃이면서도 제대로 알지 못하는 아세안의 현실과 경제 현황을 파악하는 데 이 책이 실질적인 도움이 되기를 바라며, 방송에서 다 보여주지 못했던 동남아시아의 가능성이 독자들에게 전달되었으면 하는 바람이다.

CONTENTS

프롤로그 아세안에 주목해야 하는 이유 | 4

PART 1 거대 시장의 탄생 _ 아세안 10개국이 뭉쳤다

01 AEC 시대를 대비하라 | 14
제2의 도약을 준비하다 • 아세안 하늘길을 장악하라 • 패키지 관광을
넘어 의료 관광국으로 도약하다 • 자국 산업을 보호하다 • AEC와 EU
의 차이 • 인도네시아의 서민 대통령이 말하는 AEC • 장기적인 성장
과 나라 간 균형이 관건

02 중산층의 소비 욕망, '몰'과 '파크'에 몰려들다 | 46
새로운 문화, 몰링 • 새로운 부의 소유자, 아세안의 중산층

03 온라인과 홈쇼핑 시장이 뜬다 | 57
동남아시아의 아마존, 라자다 • 전자상거래 시장의 확대

04 부동산시장이 달아오르다 | 64
자고 일어나면 오르는 필리핀 아파트값 • 실거주가 주요 목적, 아직
과열 아니다

PART 2 자원의 바다 _ 신은 아세안에 모든 것을 주셨다

01 신의 축복을 받은 땅 | 72
물에는 물고기, 논에는 쌀 • 세계 최고의 쌀 생산지 • 풍부한 식량자원의 보고

02 황금알을 낳는 바다와 검은 노다지가 묻힌 섬 | 83
땅만 파도 석유가 나온다 • 미얀마 앞바다에 태극기를 꽂다 • 칼리만탄 섬, 한국 탄광의 윈윈 전략

03 천연고무의 메카 | 95
나무가 선사하는 하얀 보물 • 타이어 시장의 격전지

04 미래자원을 선점하라 | 101
캄보디아 재벌이 키우는 나무 • 인도네시아, 바이오디젤 시장을 거머쥐다 • 한국 기업이 팜 사업에 뛰어든 이유

05 자원 수출국에서 제품 수출국으로 거듭나다 | 111
황금이 열리는 나무, 티크 • 원목이 아닌 가구를 수출한다 • 더 이상 자원 수출국이 아니다

06 2,000만 관광대국을 꿈꾸다 | 122
탄중푸틴 국립공원에만 있는 것 • 우리에겐 1만 개의 발리가 있다

PART 3 세계의 공장 _ 젊은 대륙 아세안, 세계 경제를 이끈다

01 자동차산업의 메카로 떠오르다 | 130
말레이시아 국민차 '프로톤' • 태국 자동차 '타이룽' • 이제는 자동차 수출국 • 아세안의 디트로이트, 라용 산업단지

02 메이드 인 베트남 | 149
삼성과 애플에 도전장을 던지다 • 부품 제조국에서 제품 생산국이 되다

03 넥스트 차이나 생산 거점, 아세안을 공략하라 | 158
중국을 떠나 아세안으로 • 한국 기업들의 초대형 공장이 있는 곳 • 기업이 베트남을 선택하는 이유 • 아세안에 진출하는 기업이 유의해야 할 점

04 초광역 경제권을 형성하다 | 174
국경을 넘나드는 출근전쟁 • 문명의 교동로 '말라카'의 어제와 오늘 • 물류와 산업의 전초기지가 되기까지 • 자본력과 노동력이 맞잡은 상생의 네트워크 • 레고랜드로 놀러오세요

05 아세안의 신산업, 할랄 시장 | 197
18억 명 할랄 시장을 주목해야 하는 이유 • 세계 최초의 '할랄 CSI'가 하는 일 • 세계 할랄 산업의 허브가 되다

PART 4 황금세대의 꿈 _ 오늘보다 나은 내일을 만든다

01 아세안 부모들의 맹모삼천지교 | 208
불이 꺼지지 않는 영어 학원 • 모든 부모가 꿈꾸는 것 • 교육만이 미래다 • 가르치기 위해 무엇이든 한다

02 나를 희생해 가족을 살리는 필리핀 인력시장 | 225
중산층으로 올라가는 사다리, 해외 인력사무소 • 가족을 위해서라면 힘들어도 견딜 수 있다 • 필리핀 인적자원의 고급화

03 원하는 것은 무엇이든 이룰 수 있는 황금세대 | 241
모바일 세대의 네트워크 혁명 • 23세 벤처사업가의 포부 • 무엇이 베트남의 '스티브 잡스'를 가능하게 했나? • 취업박람회장에 희망이 넘친다

04 시대를 읽어낸 슈퍼리치 | 257
아세안의 슈퍼리치 • 베트남 '명품 왕'이 생각하는 부자의 책임감 • 필리핀 여성 벤처사업가의 인재육성사업 • 섬유제조시장을 패션시장으로 바꾸다 • 약진하는 젊은 유학파 • 캄보디아의 밝은 미래

PART 1

거대 시장의 탄생

아세안 10개국이 뭉쳤다

1967년에 창설된 아세안은 2015년 연말 AEC라는 새로운 경제공동체를 출범했다. 종교와 이념을 뛰어넘어 경제라는 하나의 공동체로 묶인 거대한 시장이 탄생한 것이다. 향후 10년간 세계에서 가장 빠른 경제 성장이 예상되는 지역, '넥스트 차이나'로 평가받는 아세안은 지금 변화의 소용돌이에서 '황금시대'를 꿈꾸며 새로운 미래를 준비하고 있다.

폭발적으로 증가하는 중산층이 이전 세대와는 다른 소비력을 바탕으로 6억 4,000만 명 내수시장을 활성화시키고 있는 땅. 자국 산업을 육성하고 오픈스카이 정책을 통해 아세안 항공시장을 단일화하는 등 발 빠르게 움직이고 있는 아세안 국가들의 역동적인 현장을 살펴본다.

제2의 도약을 준비하다

우리나라에도 잘 알려져 있는 태국 맥주의 전통 강자 '싱하 (Singha) 맥주'. 1939년부터 맥주를 만들어 현재 태국 맥주 시장의 75%를 점유하고 있는 태국 재계 서열 5위의 토종 기업이다.

최근 들어 이 회사 직원들은 회의와 출장이 부쩍 잦아졌다. 국내 는 물론이고 주변 수출국을 방문해 발품을 팔며 시장조사를 하느 라 바쁘다. 캄보디아로 출장을 간 본사 직원들은 대형마트에 가서 자사에서 납품한 맥주의 보관 및 진열 상태를 살피고 시장 반응을 조사하며 경쟁업체들의 마케팅 전략을 분석한다. 거리 노점에서 맥주를 많이 마시는 현지인의 생활습관을 통해 시장 특성을 파악 하고, 저가의 보급형 맥주와 프리미엄 맥주를 각각 어떻게 어필할

방콕 근교에 위치한 싱하맥주 본사 건물

캄보디아의 노점상에서는 맥주를 냉장고가 아닌 아이스박스에 보관한다.

것인지도 연구한다.

아시아, 미국, 호주, 유럽 등 전 세계 50개국 정도에 맥주를 수출하는 싱하맥주가 이토록 바빠진 것은 AEC 출범을 준비하기 위해

캄보디아 도심에 세워져 있는 싱하맥주 옥외광고. 맨체스터 유나이티드 공식 파트너라는 점을 부각시켜 고급화와 세계화 이미지를 어필하고 있다.

서다. AEC 출범 이후 아세안 국가에서 시장점유율을 높이기 위해 준비를 하는 것이다. 주문량이 늘어날 것을 대비해 태국 내 4개 공장 외에도 인근 국가들인 베트남과 캄보디아에 새로운 공장 부지를 확보했다. 지난 2010년부터는 맨체스터 유나이티드 팀을 마케팅에 활용했는데 이는 글로벌 음료 회사라는 이미지를 심어주기 위해서다. 거리 곳곳에 보이는 싱하맥주 광고 전광판에도 AEC를 겨냥한 글로벌 전략이 담겨 있다.

　AEC 출범은 아세안 각국 기업에게 새로운 기회나 마찬가지다. 싱하그룹의 상무이사 끼띠 피롬팍디는 AEC 출범에 대비하기 위해 베트남, 캄보디아, 미얀마 등 인근 아세안 국가들과 파트너십을 맺거나 현지 지사를 설립할 계획이며, 시장 확장을 위해 계속 새로

싱하그룹의 상무이사 끼띠 피롬팍디, AEC 출범을 시장 확대의 기회로 보고 있다.

운 마케팅 전략을 짜고 있다고 말했다.

"AEC 출범으로 인해 굉장히 많은 기회가 쏟아질 겁니다. 현재 태국 국민이 6,500만 명 정도인데 AEC 출범으로 6억 4,000만 명으로 늘어나는 효과가 생기죠. 경쟁자가 더 많아지고 시장이 활성화될 것입니다. 대비를 해야죠. 기회가 생겼는데 준비가 안 되면 안 되겠죠?"

싱하맥주는 외국 기업들과 파트너십을 맺고 새로운 비즈니스 모델을 개발하여 함께 성장할 계획이라고 한다. 아울러 AEC가 아세안 국가들의 자국 시장을 보호하면서 성장을 도모하는 역할을 할 거라는 점에 대해 크게 기대하고 있다. AEC가 외국 투자자들의 '자산 싹쓸이'를 방지해주고 아세안 각국의 이익을 보호하여 국가가 발전할 수 있도록 도와줄 것이기 때문이다. 싱하맥주가 이웃 국가들의 시장 현황을 주시하는 것은 AEC 출범을 회사의 제2의 도약을 위한 발판으로 활용하기 위해서다.

경쟁도 치열해지지만 성장도 몇 배가 될 거라는 점. 싱하맥주가 그렇듯 아세안의 다양한 기업들에게 있어 AEC 출범은 더할 나위 없는 기회로 작용하고 있다.

아세안 하늘길을 장악하라

AEC 출범을 앞두고 좀더 공격적인 마케팅을 펼치고 있는 곳은 항공사다. 2030년 무렵이면 아시아의 항공여객 수는 무려 48억 명, 세계 1위의 항공 시장으로 떠오를 전망이다. 이에 대비해 도입되는 것이 오픈스카이(항공자유화) 정책이다.

오픈스카이는 항공편을 만들 때 정부의 사전 승인 없이 신고만 하면 되는 제도를 뜻한다. 아세안 항공 업체들이 자유롭게 새로운 항로를 개설하고 영업 전략을 세울 수 있게 된 것이다. 이 오픈스카이를 앞두고 아세안의 항공사들은 강력한 연결망을 형성하여 하늘길을 장악하기 위해 이미 치열한 경쟁에 돌입했다.

인도네시아의 한 대형 쇼핑몰 안에는 가루다인도네시아항공의 체크인 카운터가 있다. 고객들이 편리하게 수속할 수 있게 만든 곳으로, 쇼핑몰에 체크인 카운터를 마련한 회사는 이 항공사가 유일하다. 고객의 접근성과 편의성을 높이고 항공사 정보를 즉각적으로 제공할 수 있어 반응도 좋은 편이다.

가루다인도네시아항공은 승객 수가 늘어날 것을 예상하고 만반의 준비를 해왔다. 기존 항공기를 리모델링하는 한편 2014년에 35대, 2015년 상반기에 18대의 새 비행기를 추가로 구입했다. 좌석 구성도 손을 봤다. 기존의 비즈니스석의 수는 줄이는 대신 이코노미석을 15% 정도 늘렸으며 이코노미석의 가격도 낮췄다. 지선과 간선을 강화하여 경쟁력을 높이겠다는 것이다.

가루다인도네시아항공의 CEO 아리프 위보오(Arif Wibowo)는 'AEC 출범으로 문이 활짝 열릴 때 오픈스카이 시장을 흡수하는 첫 항공는 바로 가루다가 될 것'이라며 자신감을 보였다.

인도네시아 국내선 시장을 선도해온 저가항공사 라이언에어도 지난 2013년 여객기 234대를 새로 구입하는 한편 말레이시아에 새로운 계열사 '말린도에어'를 설립하는 등 아세안 항공시장에서 입지를 다지기 위해 동분서주하고 있다.

중산층 성장과 내수시장 활성화로 동남아시아의 저가항공시장은 최근 들어 지속적인 성장세를 보이고 있다. 인도네시아 외무부 차관 압두라만 모하맛 파히르(Abdurrahman Mohammad Fachir)는 항공시장 발달과 가장 밀접한 관계에 있는 것은 중산층 성장이라고 말한다. 1,700만 명에 이르는 인도네시아 중산층이 경제성장과 더불어 계속 늘고 있는데 이 숫자가 항공시장을 키우고 있다는

가루다인도네시아항공의 CEO 아리프 위보오는 오픈스카이 시장을 가루다항공이 흡수할 것이라며 자신감을 보였다.

가루다인도네시아항공 격납고. 운항정비사들이 비행기를 점검하고 있다.

것. '큰 시장, 엄청난 천연자원, 노동력, 중산층 성장'의 4가지 조합은 인도네시아가 가진 주요 자원이자 강점이다.

경제성과 연결망을 계산해 새로운 상품을 출시한 항공사들도

에어아시아 사무실. 아세안 패스 출시 후 에어아시아 직원들은 더욱 바빠졌다.

있다. 말레이시아의 저가항공사 에어아시아에서 아세안 승객들을 공략해 출시한 '아세안 패스'가 그것이다. 보통 항공권은 구매 시기와 환율에 따라 가격이 달라지게 마련이지만 아세안 패스의 경우 요금이 고정되어 있어 아세안 10개국 140여 개의 노선을 고정 요금으로 저렴하게 이용할 수 있다. 아세안 지역 연결망을 탄탄하게 확보하고 있는 이 항공사는 아세안 패스를 출시한 후 수요가 매우 많고 반응도 좋다고 한다. 에어아시아는 인도네시아와 필리핀, 태국 등에 자회사를 설립하는 등 아세안 항공시장은 물론이고 한국, 일본 시장까지 위협하고 있다.

림홍힌(Lim Hong Hin) AEC 사무국 차장은 오픈스카이가 아세안을 단일 시장으로 발전시키는 데 큰 몫을 할 것이라며 다음과 같이 설명했다.

"오픈스카이는 아세안 지역 간의 방문과 거래를 용이하게 하여 생산을 기본으로 한 단일 시장을 형성하고 국가 간 상품, 서비스, 인적자원 및 투자 등의 자유 거래를 증진하기 위함입니다."

국가 간의 거래 증진을 위해서 가장 필요한 것은 각 지역 간의 연결성이며, 이를 뒷받침해주는 것이 오픈스카이 정책이다. 전문가들은 오픈스카이 정책이 아세안끼리의 유대감도 높여줄 것이라고 전망하고 있다. 싱가포르 동남아시아 연구소(ISEAS : Institute of Southeast Asian Studies)의 위 키 벵(Ooi kee Beng) 교수는 '오픈스카이 정책은 아세안 사람들이 가까워지는 계기가 될 것'이라고 예측한다. 20년 전만 해도 아세안 각국은 왕래가 별로 없어 사실상 서로를 잘 알지 못했다고 한다. 국수주의적 의식이 강했고, 국립항공이 있긴 했지만 다른 나라를 자유롭게 드나들지 못했으며, 그나마 국가 간 여행을 하려면 항공보다 기차를 이용해 비용과 시간도 많이 들었다.

그러나 오픈스카이 정책으로 인해 이러한 과거는 바뀌었다. 아세안 각국의 도시들은 항공편으로 불과 1~3시간 이내의 거리에 있다. 상품과 인구 유동성이 높아져 사업가들은 쉽게 출장을 다닐 수 있으며 관광산업도 활성화되었다. 위 키 벵 교수는 '왕래가 쉬워져 서로를 좀더 알게 될수록 국가 간 유대감도 강화될 것'이라며, '항공 산업은 인프라 구축에 크게 기여하고, 경제성장에 힘을 실어줄 것이며, 특히 오픈스카이 정책은 AEC 시장의 중심 역할을 할 것'이라고 말했다.

아세안은 10개국을 단일국가로 쳤을 때 세계에서 일곱 번째로 경제 규모가 큰 국가집단으로 2050년까지 세계 4위권으로의 진입을 목표로 하고 있다. 두드릴 수 있는 시장이 크고, 더 많은 나라와 협력하고 있으며, 인구가 많아 소비자 시장이 크고 노동인구 공급량도 많은 지역. 오픈스카이 정책은 아세안의 비상에 날개를 달아주고 있다.

패키지 관광을 넘어 의료 관광국으로 도약하다

아열대의 뜨거운 햇볕이 내리쬐는 어느 화창한 날. 방콕국제공항에 도착한 백인 부부를 반갑게 맞이하는 태국인들이 있었다. 가족이라도 마중 나온 듯 상냥한 미소로 부부를 안내하는 이들은 방콕 나콘톤(Nakornthon)병원의 직원들. 긴 비행에 다소 지쳐 있던 시르머 부부는 이들의 안내에 따라 깔끔한 픽업차량에 오르는 순간부터 마음이 편안해졌다.

미국 남부 마이애미에 사는 시르머 부부가 태국을 방문한 것은 종합 건강검진을 받기 위해서였다. 병원 측에서는 공항 픽업 서비스는 기본이고 호텔 못지않은 최고급 레지던스를 숙소로 제공했다. 부부는 첨단 장비를 갖춘 쾌적한 병원에서 친절한 의료진의 안내에 따라 검진을 받고 건강 상담을 할 뿐만 아니라, 검진 결과가

병원 관계자들이 의료관광객을 맞이하고 있다. 태국국제공항은 의료관광객의 입국과 병원, 숙소, 여행 등의 예약을 원스톱으로 처리할 수 있는 전용 창구를 개설했다.

나콘톤병원에서 건강검진을 받는 외국인 손님에게 제공하는 레지던스

나올 때까지 기다리는 시간에는 느긋하게 중국 침술과 태국 전통 마사지, 스파를 즐기고 덤으로 주변 관광도 다닐 작정이다. 그 자신이 은퇴한 의사이기도 한 로버트 씨가 아내와 함께 굳이 머나먼

방콕까지 날아와서 건강검진을 받는 이유는 '최고 수준의 의료 서비스' 때문이라고 했다.

"가장 현대적인 시설과 의료장비를 갖춘 곳에서 치료를 받으면서 관광도 할 수 있고 또한 동양의학을 체험할 수 있기 때문이죠."

최첨단 의료시설을 갖춘 이 병원에서 종합검진을 받는 데 드는 비용은 우리 돈으로 약 70만 원. 미국에서 비슷한 검진을 받으려면 최소한 1,000만 원에서 많게는 3,000만 원의 비용이 든다고 한다. 미국보다 훨씬 저렴한 가격에 건강검진을 받고 휴가까지 보낼 수 있어 태국으로 오는 것이다. 사람들의 상냥한 환대와 볼거리 많은 관광지, 공항 픽업부터 숙소까지 제공하는 원스톱 서비스까지. 부부는 매년 이곳을 다시 찾고 싶다고 말한다.

이들 부부가 방문한 방콕 남부의 나콘톤병원은 문을 연 지 20년 가까이 되는 종합병원으로, 250개의 병실과 부대시설을 갖추고 있다. 서양의학을 기반으로 하는 병원이지만, 중국 침술과 태국 전통의학 등 대체의학 전문 인력을 갖추고 있는 데다 스파나 마사지 같은 대안 서비스까지 제공하고 있다. 병원 부속시설인 고급 레지던스를 숙소로 제공하고 외국에서 오는 손님들은 공항에서부터 픽업한다. 내국인을 포함한 한 해 방문객 수는 35~40만 명. 그중 10% 정도가 외국 손님이다. 한 · 중 · 일을 비롯한 주변 아시아 국가와 중동 지역에서 많이 찾아오며, 미국, 유럽, 호주 등 서양에서 오는 사람들도 늘고 있다. 한 번 방문한 사람들의 재방문율도 높은

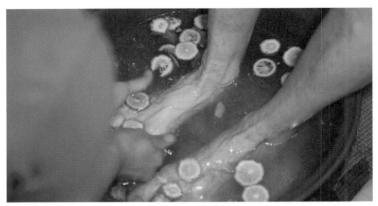

서양 관광객들이 태국 의료관광에서 가장 만족스러워하는 것은 최첨단 의료기술 외에 동양식 침술과 마사지 서비스라고 한다.

편이어서 AEC 출범과 함께 외국인 방문객 숫자는 더욱 증가할 것으로 병원 측에서는 기대하고 있다.

태국의 다른 병원들도 AEC 출범을 기대하기는 마찬가지다. 태국에서 가장 유명한 민간 의료관광 전문병원 '붐룽랏 (Bumrungrad)'도 AEC 출범이 병원에 시너지 효과를 줄 것이라고 자신한다. 의사 1,200명, 간호사 700명 이상이 근무하고 있는 이 병원 방문객은 매년 110만 명 이상이다. 수완나품국제공항에 전용구역이 따로 마련되어 있을 정도로 외국인 서비스에 특화되어 있다. 의료와 관광, 스파 서비스를 묶은 패키지 상품들도 마련되어 있으며, 수영장과 피트니스센터를 갖춘 레지던스 시설과 통역 지원, 무슬림 방문객을 위한 기도실도 마련해놓았다. 사립병원 그룹인 사미띠윗(Samitivej)의 계열사 병원들은 방콕에만 세 군데가 있는데, 이 병원들 역시 동남아시아에서 손꼽히는 의료관광 전문 병원들로 각 병원별로 재활, 성형, 어린이 등 전문분야들이 특화되어 있다. 인기 관광지 파타야에 있는 파타야방콕병원(Bangkok Hospital Pattaya)은 방콕 그룹이 소유한 30개 지점 병원 중 하나로, 화강암 가구로 꾸민 호화로운 객실과 첨단 시설로 유명하다.

태국은 의료관광 분야에서 전 세계 1위를 하는 국가다. 가장 많은 외국인 환자를 받는 국가로, 매년 태국을 찾는 의료관광객 수는 250만 명 이상이다. 일반 관광과 별도로 벌어들이는 의료관광 수입만 43억 달러(4조 7,000억 원, 2013년도)으로 매년 16% 이상 성장하고 있다. 태국의 뒤를 잇는 국가로는 싱가포르(120만 명), 인도(85만 명), 말레이시아(77만 명. 이상 2013년도 통계, 출처 : 세계의료관광협회) 등이 있는데, 아직까지는 태국 방문객 숫자가 압도적으로 많다.

전 세계 사람들이 태국으로 의료관광을 떠나는 이유는 무엇일까? 우선 태국은 JCI 인증(국제의료기관평가위원회인증 : 국제 표준의료 서비스 심사를 거친 전 세계의 의료기관에게 발급되는 인증. 치료 전 과정을 11개 분야 1,000여 개 항목에 걸쳐 평가함)을 받은 병원이 전국 24곳에 이를 정도로 의료 수준이 높다. 게다가 교통이 편리하다. 국제병원들이 밀집해 있는 방콕이 아시아, 북미, 유럽, 호주 등 전 세계 주요 도시들과 직항으로 연결되어 있는 세계 교통의 허브이기 때문이다. 또한 치료, 숙박, 관광, 쇼핑, 스파 등을 하나로 묶은 저렴한 올

인원 패키지들이 다양하여 자신이 원하는 서비스에 맞게 옵션을 선택할 수 있으며, 병원은 이러한 패키지를 제공하는 관광업체들과 제휴를 맺거나 수수료를 지불하는 방식으로 협력한다.

태국 관광청에서는 적극적인 홍보와 마케팅으로 의료방문객을 유치하는데, 관광지로서의 매력과 수준 높은 의료 서비스 외에도 사람들이 태국을 선택하는 이유는 다양하다. 인근 아시아 사람들은 지리적으로 가깝다는 점 때문에 방문하지만, 태국에서 멀리 떨어진 유럽과 미국 사람들은 자국보다 치료비가 훨씬 저렴하면서질 좋은 서비스를 제공한다는 점에 매력을 느낀다. 침술이나 마사지처럼 다소 낯선 동양의 대체의학은 서양인들에게 신비로운 느낌을 준다. 명상, 디톡스 등 건강과 힐링의 이미지를 주는 서비스들은 동서양을 막론하고 인기가 많다.

한편 중동 사람들도 태국을 즐겨 찾는데, 이는 2001년 9·11 테러 이후 중동에 대한 미국이나 유럽인들의 편견이 심해지면서 서구권 대신 태국으로 발길을 돌린 까닭이다. 그들은 무슬림 전용 기도실이나 할랄푸드 같은 맞춤형 서비스가 갖춰져 있는 태국에서 마음 편하게 치료와 휴양을 만끽한다. 이처럼 태국은 세계 각 문화권에 맞는 마케팅 전략을 펼쳐 글로벌 관광객을 사로잡고 있다.

태국 관광청의 관광상품국장인 파타라펀 셋티와닛은 "태국은 의료관광을 활성화시키기 위해 오랜 기간 마케팅 전략을 짜고 정부, 보건부, 병원협회, 스파협회 등 유관기관들과 협력했다"고 말한다. 그저 가만히 앉아서 외국인들이 알아서 의료관광을 와주길 기다린 것이 아니라는 것이다.

태국으로 의료관광을 온 관광객들은 치료만 받고 바로 돌아가지 않는다. 관광 시설이 잘 갖춰져 있기 때문에 체류기간이 자연스레 늘어나고, 체류기간이 늘어나면 치료비를 제외한 기타 소비도 덩달아 높아진다. 요양을 온 김에 관광도 하면서 숙소, 음식, 쇼핑에 돈을 쓰는 것이다. 이는 관광 수입을 높여주는 효과를 낳는다. 또한 그는 "전체 관광객 중 의료관광객은 4%밖에 안 되지만, 이 4%가 창출하는 수익이 매우 높다"고 설명한다. 일반 관광객이 1인당 3,000바트를 소비한다면 의료관광객은 1인당 약 10만 바트를 소비하기 때문이다. 따라서 단지 관광객 숫자만 많아지길 바라는 것이 아니라 소비가 더 많아져 수익 창출로 이어질 수 있도록 이미지 구축을 하고 지속적인 상품을 개발하는 중이다.

세계의료관광협회의 통계에 따르면 전 세계 의료관광 시장은 2019년까지 연평균 17.9%씩 성장해 35조 원 규모를 넘어설 전망이다. 이러한 가운데 태국을 선두로 한 아세안 국가들은 AEC 출범을 기회로 삼아 더욱 적극적인 마케팅 전략을 펼치고 있다.

자국 산업을 보호하다

인도네시아 자카르타의 한 쇼핑몰. 삼성 스마트폰 매장이 유독 북적이던 이날은 신제품이 출시된 날이었다. 매장을 찾은 젊은이들과 일가족들은 직원의 안내를 받으며 새로운 모델을 유심히 살펴보느라 여념이 없었다. 그리고 100만 원에 이르는 고가의 가격에도 개의치 않고 주저 없이 지갑을 열었다. 가족들 모두 삼성 스마트폰을 쓴 지 오래됐다는 유스 카르또는 '타사 제품과 비교할 때 기술적으로 뛰어나기 때문에' 삼성 제품을 선호한다고 말했다.

2억 5,000만 명의 인구 대국인 인도네시아는 최근 스마트폰 보급률이 매년 20%씩 성장하고 있다. 내수시장의 여러 분야 중에서 매년 지속적인 성장세를 보이고 있는 분야는 바로 모바일산업이다. 1년에 판매되는 휴대전화만 5,000만 대 이상이다. 삼성전자 인도네시아의 이강현 부사장에 의하면 인도네시아는 '향후 2~3년 안에 세계 3~4대 휴대전화 시장이 될 것'이라고 한다.

같은 쇼핑몰 내, 삼성전자 매장 옆에 있는 '폴리트론(Polytron)' 매장도 손님들의 발길이 끊이지 않기는 마찬가지다. 인도네시아 최대의 가전업체인 폴리트론은 인도네시아에서 '제2의 삼성전자'로 불리는 회사다. 포브스 선정 2012년 인도네시아 부자 2위에 이름을 올린 마이클 밤방 하르토노(Michael Bambang Hartono)와 로버트 부디 하르토노(Robert Budi Hartono) 형제가 소유한 기업체로, 인도네시아 내에서의 브랜드파워는 단연 압도적이다. 자국 시장 점유율이 오디오, 비디오는 약 50%, 냉장고 등 일반 가전제품도 20%에 이른다. 오디오, 비디오, 가전제품, 휴대전화 등 각 품목의 매년 평균 성장률이 5~20%이며 특히 DVD 플레이어의 연평균 성장률이 가장 높다.

폴리트론이 약진하기 시작한 것은 1998년 외환위기 이후부터다. 한국과 일본이 지배했던 가전제품 시장을 잠식할 수 있었던 원동력은 바로 가격 경쟁력. 저가의 보급형이면서 품질과 디자인에서도 크게 뒤지지 않는 자국 브랜드에 인도네시아 사람들은 열광했다. 초반에는 중산층과 서민층이 주요 고객층이었으나 2005년을 기점으로 상류층 고객도 사로잡기 시작했다.

이러한 경쟁력은 내수시장뿐만 아니라 수출시장 공략도 가능케 만들었다. 폴리트론은 현재 아시아, 인도, 도미니카 공화국, 아랍에미리트, 바레인 등 약 32개국에 다양한 품목을 수출하는데, 아직까지는 내수시장 공략에 훨씬 주력하는 까닭에 생산품목의 90%를 국내에서 판매하고 10%만 수출하고 있다.

LED TV를 새로 구입하기 위해 매장을 찾았다는 핸드리 구나완은 폴리트론의 제품이 품질이나 성능 면에서 타사 제품에 비해 결코 뒤지지 않는다고 말했다.

"지금 제 휴대전화도 폴리트론입니다. 비슷한 기능이 있는 타사 휴대전화의 평균 가격은 200만 루피아(약 22만 원)인데 폴리트론 휴대전화는 140만 루피아(약 15만 원)이죠. 품질도 우수하고 서비스도 친절합니다. 폴리트론의 오디오는 음향도 매우 좋아서 빅뱅 음악을 좋아하는 제 아들이 무척 좋아합니다."

고객을 응대하고 있는 폴리트론 매장의 모습

　이처럼 인도네시아 시장에서 막강한 브랜드파워를 확보한 폴리트론이 최근 총력을 기울이고 있는 분야가 바로 스마트폰이다. 폴리트론이 휴대전화 사업을 시작한 것은 2011년. 2010년도의 시장조사에서 당시 최신 휴대전화의 월평균 판매량이 200만 대에 이르며 스마트폰 선호도가 피처폰을 앞지르고 있다는 결과가 나왔다. 여성 고객들은 6개월마다 최신 휴대전화를 구매하고 싶어했다. 폴리트론이 스마트폰 생산에 주력하기로 한 것은 이러한 수요를 확신했기 때문이다. 폴리트론은 휴대전화 공장을 신설하여 연평균 생산량을 240만 개로 늘렸고 앞으로도 규모를 더욱 늘릴 방침이다.

　인도네시아의 내수 환경이 점점 좋아지고 있는 데에는 정부의 정책이 중요한 역할을 했다. 인도네시아에서 판매되는 스마트폰

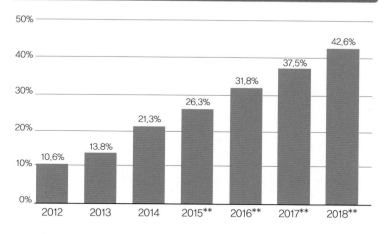

인도네시아의 스마트폰 보급률

- 2012: 10.6%
- 2013: 13.8%
- 2014: 21.3%
- 2015**: 26.3%
- 2016**: 31.8%
- 2017**: 37.5%
- 2018**: 42.6%

＊2013년도 스마트폰 이용자는 2,600만 명이었는데 2014년도 이용자는 4,160만 명으로 2배 가까이 증가했다.

＊출처 : 시장조사회사 Emarketer

과 태블릿PC의 경우 '자국 제조 부품을 30% 이상 사용해야 한다'는 규제 정책을 내놓은 것이다. 2017년부터 본격 시행할 법안에서는 이 비율을 최소 40%로 더욱 높였다. 동시에 수입 스마트폰에는 관세를 높였다. 이는 곧 자국의 산업을 보호하는 동시에 소비국이 아닌 생산국으로 거듭나겠다는 강력한 의지의 실천이다.

인도네시아 정부의 이 같은 보호정책은 한국 기업을 포함한 글로벌업체에게는 위기가 되겠지만 폴리트론에게는 더할 나위 없는 기회가 된다. 또한 이는 AEC 출범 이후의 아세안 시장 변화에 미리 대비하겠다는 뜻이기도 하다.

세계 4위의 인구 대국으로 2018년이면 판매량 1억 대를 넘을 것으로 예측되는 인도네시아의 스마트폰 내수시장. 자국 제품에 대한 높은 브랜드 인지도와 국민들의 신뢰도, 뛰어난 가격 경쟁력, 게다가 정부의 적극적인 보호정책까지, 폴리트론의 날갯짓은 이제 막 시작된 것이나 다름없다.

AEC와 EU의 차이

지난 2015년 11월, 말레이시아 쿠알라룸푸르에 아세안 10개국 정상이 모였다. 이들은 정상회의를 개최한 후 '쿠알라룸푸르 선언'에 서명하면서 AEC 가동을 본격화했다.

아세안은 미얀마, 태국, 라오스, 캄보디아, 베트남, 말레이시아, 브루나이, 싱가포르, 인도네시아, 필리핀의 10개국이 뭉친 국가연합이다. 1967년에 창설된 아세안은 2015년 연말에 경제공동체인 AEC로 새로 태어났다. 유럽보다 넓은 면적에 전 세계 인구의 10%가 살고 있는 곳. 종교도 이념도 문화도 다른 10개국 6억 4,000만 명으로 이루어진 거대한 시장이 탄생한 것이다.

AEC는 상품, 서비스, 투자, 노동력, 자본의 자유로운 이동이라는 5가지 원칙 하에 단일 시장과 생산거점 구축, 경쟁력 높은 경제 블록화, 균형적 경제 발전, 세계 경제로의 통합이라는 4대 목표를 지향한다.

10개국의 경제공동체라는 점에서 AEC는 기존의 지역 기반 경제공동체, 특히 유럽 25개국의 공동기구인 EU(European Union : 유럽연합)와 비교되곤 한다. 그러나 전문가들은 AEC는 EU와는 성격과 지향점이 분명히 다르다고 말한다. 가장 대표적인 차이점은 통합의 형태와 성격이다. EU가 단일 통화를 바탕으로 한 강력한 초국가적 통합기구라면 AEC가 지향하는 것은 상호적 협력, 그리고 각 국가의 개별성에 대한 인정이라 할 수 있다.

제작진이 인터뷰한 전문가들도 이와 관련해 비슷하게 설명했다. 글로벌 컨설팅그룹 맥킨지(McKinsey & Company)의 자문위원 프레이저 톰프슨(Fraser Thompson)은 'AEC는 단일 무역 투자를 창조하고 자체적으로 자생하는 것을 목표로 한다는 점에서 EU와는 기반이 다르며, EU와 같은 형태가 되지는 않을 것'이라고 말한다. AEC는 EU와 달리 단일 통화도 없을 것이고, EU와 동등한 힘을 지닌 의장도 없다는 것이다. EU와는 다른 형태의 협력이되, 무역 투자와 서비스의 흐름을 증가시키는 역할을 할 거라고 한다.

또한 컨설팅그룹 'KPMG(Klynveld Peat Marwick Goerdeler International)'의 대표 필립 리도 "AEC는 EU를 모델로 삼았지만 중앙집권이 없다는 점에서 차이가 있다"고 말한다. 그는 AEC가 아세안 10개국 국가 간의 차이를 좁히고 '통합을 추구'하며 투자를 끌어올 수 있는 정책을 세워 경제를 발전시킬 것이라고 이야기했다. '장기적으로 조화를 중시'하여 '거의 모든 관세를 철폐하는 쪽을 지향'한다는 것이다. 세계 7번째의 무역지구이자 단일 시장으로서 상품의 자유로운 유통이 이뤄질 거라고 하면서 그는 다음과 같이 덧붙였다.

"GDP로 보면 중국이 2배, 유럽연합은 6배로 AEC가 아직은 훨씬 낮지만, 인구의 60%가 35세 이하로 구매력이 높은 젊은 인구를 보유하고 있습니다. 게다가 인구의 95%가 문맹이 아닙니다. 그들 중 상당수가 성공적인 경제생활을 즐기려 하며 교육 및 경제 수요가 높습니다. 명품이나 라이프스타일 제품들에 대한 소비도 증가하고 있죠. 젊은 층의 소비력이 증대되고 있고, 산업화로 인해 더 많은 젊은 세대가 도시로 이주하고 있습니다. 이는 투자자들에게는 큰 잠재력을 의미합니다."

사실 AEC의 10개 회원국들은 발전 단계에 있어 격차가 큰 편이다. GDP가 높은 나라도 있지만 아주 낮은 나라들도 있다. AEC가 강력한 통합이 아닌 점진적이고 장기적인 상호협력을 추구하는데에는 이러한 현실이 반영되어 있다. 하지만 전문가들은 2030년 무렵이면 아세안 10개국의 GDP가 지금보다 약 20% 이상 상승할 것으로 보고 있다. 생산력과 소비력이 모두 크게 증가할 것이며, 이는 우리나라 기업들에게도 더할 나위 없는 투자 기회이자 매력적인 가능성의 무대가 될 것으로 보인다.

향후 지속적인 성장을 이루며 글로벌 경제의 통합 구성원이 될 거대한 공동체. '차세대 경제 블록'으로서의 AEC의 여정은 이제

막 시작되었다. 세계가 아세안에, 그리고 AEC에 주목하고 있는 이유다.

인도네시아의 서민 대통령이 말하는 AEC

경제 공동체를 향한 아세안의 비전은 무엇이며 어떤 준비를 하고 있을까? 제작진은 한국 방송 사상 최초로 인도네시아의 조코 위도도(Joko Widodo) 대통령을 인터뷰하여 AEC 출범에 대한 의견을 들을 수 있었다.

인도네시아 국민들에게 '조코위(Jokowi)'라는 애칭으로 불리는 그는 2014년에 당선된 후 기존의 인도네시아 정치사에서는 볼 수 없었던 서민적인 행보와 부패 청산, 개혁정책으로 인해 국민들, 특히 젊은 세대와 서민, 중산층에게 큰 인기를 끌고 있다.

인도네시아 풀뿌리 민주주의의 상징이자, 동갑내기 미국 대통령인 버락 오바마와 종종 비교되기도 하는 조코 위도도 대통령은 1961년 인도네시아 중부 자바의 솔로라는 도시에서 목수의 아들로 태어나 가난한 어린 시절을 보냈다. 대학에서 임업을 전공한 후 가구 수출 사업가가 된 그가 정치에 입문한 것은 2005년 솔로 시의 시장으로 당선되면서부터였다. 그는 시장 당선 후 시의 고질적 병폐였던 부패와 범죄 척결을 위해 파격적인 정책들을 실천에 옮겼다. 약자를 배려하고 서민들과 소통하며 재래시장을 관광명소

KBS 〈골든 아시아〉 제작진이 대한민국 방송 사상 최초로 인도네시아 대통령 조코 위도도를 인터뷰하는 모습. 조코 위도도 대통령은 AEC에 대한 기대감과 자신감을 언급하였다.

로 바꾸는 등 기존 정치가들이 하지 못한 일을 많이 했는데 여기에는 그의 트레이드마크가 된 '불시 현장 방문'이 큰 역할을 했다. 도시의 곳곳을 불시에 방문하여 부정부패 여부를 확인하고 시민의 이야기를 들으며 행정을 개선한 것이다.

이로 인해 그는 서민과 소통하는 젊고 청렴하며 혁신적인 정치가로 인기를 끌어 2009년 시장선거에서 무려 90% 이상의 지지율로 재선이 되고, 2012년에는 자카르타 주지사가 되며 본격적으로 영향력을 발휘했다. 그가 '불시 현장 방문'을 할 때면 언론사의 취재 행렬이 따라붙고 '조코위'에 대한 책들이 발간되고 영화가 만들어졌다. 부패의 상징이던 기존의 인도네시아 정치판에 염증을 느꼈던 국민들은 서민적이고 민주적인 새 지도자의 등장에 열광했다. 그리고 마침내 2014년 대선에서, 보수 기득권을 대표하는 정치가이자 수하르토 전 대통령의 사위로서 부를 축적하고 인권을 탄압하던 프라보워 수비안토 후보를 6%p 차로 이기면서 대통령에 당선되었다.

조코 위도도의 대통령 당선은 인도네시아의 민주주의 발전과 국력 성장, 특히 경제 발전에 있어서 대단히 중요한 전환점이 될 것이라고 평가받고 있다. 제작진과의 인터뷰를 통해 그는 'AEC 출범을 적극 지지하고 있으며 이로 인해 인도네시아에 투자가 많이 유치될 것'이라며 기대감을 드러냈다.

인구가 2억 5,000만 명인 인도네시아는 세계 4위의 인구 대국이지만 조코 위도도 대통령은 '단순히 거대한 시장을 보유하고 있는 것이 아닌, 경제 부문에서 아세안 연합 국가 중 우위를 확보하는 것'이 목표라고 말했다. 이를 위해 인도네시아는 아세안 국가들과 긴밀한 협력관계를 맺고 국가 간의 교역 증진에 집중할 계획이다. 경제 발전을 위해 도로, 항만, 철도 산업과 제조업 부문의 국가 기반시설을 확충하며, 천연자원과 인적자원이 풍부한 환경을 바탕으로 내수기반을 강화하고, 부가가치 창출을 위해 자원을 반가공품과 완제품으로 생산할 수 있는 기술도 발전시키는 중이다. 특히 외국의 투자 유치를 적극 지원할 것이라며 그는 다음과 같이 말했다.

"국가예산에만 의존해서는 사회 각 분야의 기반시설을 확충할 수 없습니다. 민간 투자자들과 외국 투자자들이 협력하여 균형 있는 기반시설 구축을 이뤄야 합니다. 관련 투자업체를 최대한 확보하여 협력한다면 산업, 내수, 제조업 부문이 더욱 발전할 것입니다."

외국 기업의 투자 유치를 위해 투자 관련 인허가 절차를 간소화하는 등 행정체제도 지속적으로 개혁하고 있다. '조코위' 대통령은 한국과의 협력에 대한 언급도 빼놓지 않았다. '발전소, 항만, 제조, 고속도로, 철도 등의 국가 기반시설 부문과 제조업 등에서 한국 기업들이 활발하게 투자할 수 있도록 우선권을 부여'하여 '사업 전개와 투자 유치를 위해 적극 협력할 것'이라고 강조했다.

조만간 인도네시아가 아세안 최고의 강대국이 될 것임을 확신하고 있다는 '젊은 리더' 조코 위도도 대통령. 거대한 시장에 풍부한 자원을 갖고 무섭게 성장하고 있는 이 나라에게 AEC 출범은 강력한 힘이 될 것이다.

장기적인 성장과 나라 간 균형이 관건

AEC 출범은 아세안 10개국의 발전에 어떤 영향을 끼칠까?

제작진은 아세안 현지의 경제전문가들을 만나 AEC의 영향력과 전망에 대한 다양한 의견을 들을 수 있었다. 말레이시아와 유라시아 정치경제 분야 연구에 정통한 위 키 벵 교수(싱가포르 동남아연구소 : ISEAS)는 AEC 출범 이후 아세안의 '갑작스러운 변화보다는 장기적인 성장'이 이루어질 것이라고 하면서, 소득 수준 차이가 심한 10개국이 점진적으로 '조화와 균형'을 향해 나아가는 것이 관건이라고 설명했다. 방송에 미처 다 내보내지 못한 AEC에 관한 그의 견해를 정리하면 다음과 같다.

첫째, AEC는 점진적이고 장기적인 성장을 지향한다.

아세안의 경제 통합이란 인프라 투자와 전문 인력들의 움직임을 의미한다. 경제 협력 과정은 사실상 느리게 진행된다. 이 때문에 AEC가 당장 큰 변화를 가져오기는 어려울 것이며 동남아 시장의 변화는 점진적으로 이루어질 것이다.

이미 많은 아세안 회사들이 국경을 넘어 협력하고 있다. 공공경제보다 변화가 빠른 것이 민간경제 부문이다. 경제적인 변화는 그런 회사들의 움직임에 의해 나타난다.

경제협력은 아세안 각국뿐만 아니라 중국이 어떻게 성장하느냐에 따라서도 달라진다. 중국의 자금 흐름이 아세안에 영향을 미치기 때문이다. 중국은 경제적으로 새로운 시국을 맞고 있다. FDI(외국인직접투자액)가 중국에서 빠져나가는 추세고 아세안 국가들이 중국의 FDI를 받게 된다. 이것이 아세안이 경제공동체를 형성하게 되는 계기가 된 것이다.

따라서 동남아시아가 아시아의 중심을 지켜야 한다. 아직은 그다지 강하지 않고, 아세안 국가들 간의 협력관계도 미미하지만, 아세안이 합쳐지면 미국, 일본, 중국과 같은 열강과도 협력할 기회가 올 수 있다. 열강들도 아세안이 필요하고 아세안도 제 역할을 하게 될 것이다.

둘째, 아세안 각국의 정치적 안정성이 중요하다.

아세안은 식민 지배를 받던 시절에는 서로 분열되어 있었고 소통도 막혀 있었으며 세계사에서 존재감도 미미했다. 그러다 식민 지배를 벗어나 독립하면서 각 나라의 성향이 다양하게 나타났다. 40년 전만 해도 정치적으로 불안정했던 곳이지만 현재는 예전과 비교하면 많이 발전했다. 고맙게도 냉전이 끝나고 각국 간의 대화도 이루어졌다. 처음에는 남부의 국가들, 즉 싱가포르, 말레이시아, 인도네시아, 필리핀, 태국, 브루나이에 국한되어 있었지만 1990년 이후 나머지 국가들이 아세안에 합류했다.

아세안의 정치적 안정성은 나라마다 다르다. 예컨대 미얀마의 경우 최근 몇 년간 정치 상황이 변화하고 나라를 개방하면서 경제 성장의 기반이 되었지만, 인종 문제가 불거지자 투자도 하락한 바 있다. 말레이시아는 아세안 중 가장 민주적인 국가이지만 이슬람

화가 문제가 되었고, 태국은 표면적으로는 민주주의 국가로 보이나 군부의 영향으로 인해 정치적으로 불안정하다. 반면 인도네시아의 경우 새 대통령(조코 위도도 대통령)으로 인해 국가 이미지가 좋아지고 기대치가 높아졌으며 경제 또한 성장하기 시작했다. 각국의 이러한 혼란스러운 정치 상황이 안정화된다면 경제성장은 따라올 것이고, 경제성장은 각 국가들이 어떻게 협력하느냐에 달려 있다.

셋째, 나라들 간의 편차를 줄이고 다양성을 인정해야 한다.

아세안 국가들은 서로 너무나도 다르다. 이 때문에 AEC가 EU처럼 되기는 어렵다. 통화 결합이나 통합센터도 현실화되기 어렵다. 그런 점이 한계가 될 수도 있다.

싱가포르처럼 GDP가 높은 나라와 낮은 나라가 경제협력에 동의를 해야 하는데, 10개국이 각각 아주 다른 나라들이기 때문에 나라 간 발전의 격차가 문제가 된다. 예를 들어 싱가포르가 원하는 것을 캄보디아는 원하지 않을 수도 있다. 인도네시아처럼 큰 국가도 있고 브루나이처럼 작은 국가도 있다. 하지만 아세안이라는 유닛을 통해 국가 간의 교류를 이루어야 한다. 그러려면 수많은 협력을 통해 모든 결정이 일치가 되어야 한다. 그래야 안정성을 형성할 수 있다. 한 가지 목소리만 있는 것이 아니라 10가지 목소리가 있기 때문이다. 오늘날 아세안 국가들은 더 이상 구시대적 정부가 아니므로 얼마든지 숙련된 외교를 펼칠 수 있을 것이다.

각 국가의 교육 수준이나 정치적인 안정성, 문화적 다양성, 경제적 격차 등 아세안은 해결해야 할 문제들이 아직 많다. 각 국가의 다양성을 인정하는 정책이 추진되어야 하며, 다양성을 넘어 아세안 국가들이 스스로 협력하려는 노력이 필요하다.

넷째, 뭉쳐야 사는 아세안, 균형과 동반성장이 과제다.

아세안은 중저급 노동력이 풍부하다. 기술력도 뒤처지지 않는다. 광업이나 팜유 같은 로컬산업들도 당분간 지속될 것이며, 하이테크 산업들 또한 강하다. 아세안의 파이낸셜센터이자 헤드쿼터와도 같은 싱가포르도 있다.

하지만 아세안은 아직 개발 단계에 있다. 거대한 시장으로서 생산과 구매를 하겠지만, 국가별로 이익을 볼 수 있는 특정 산업들도 조금씩 다르다. 각 국가들은 글로벌한 측면에서 어떤 방향으로 뻗어나갈 것인지를 각자 고민해야 한다.

아세안은 중국이나 미국 같은 열강들이 제 기능을 다할 수 있는 플랫폼 역할을 한다. 아세안의 경제적인 힘은 '시장'을 말하는데 이것은 기업들의 글로벌 네트워크 역할을 한다는 뜻이다. 사실상 아세안에는 투자자들이 비즈니스를 여는 '개발 진행형' 지역이 많다. 한 마디로 경제적인 소프트 파워의 기능을 한다고 할 수 있다.

아세안이 성장하기 위해서는 이웃나라들이 필요하다. 중국과 인도 같은 열강들도 이웃나라들을 활용하고 있는데, 열강 국가들이 우선시하는 것은 자국 발전이다. 중국이 우선순위가 되고 인접

국들이 흩어지기를 원하는 아세안 국가는 없을 것이다. 아세안의 통합이 깨지면 강대국에 흡수될 것임을 아세안의 모든 국가가 알고 있으며, 어느 국가도 이를 원치 않는다. 따라서 통합을 위해서는 AEC가 반드시 필요하다.

경제발전을 위해서는 아세안 각국이 자기만의 고유한 정책을 만들어야 한다. 그래야 서로 균형을 이루고 국가 내에서도 경제성장을 이룰 수 있다. 세계적인 성장에 발맞추면서도 자국을 보호하는 정책을 세워야 하는데, 이 균형을 이루어야 한다는 점에서 아세안 각국은 어려운 시기를 보내고 있다고 할 수 있다.

하지만 아세안에는 잠재력이 있다. 세계가 아세안의 문을 두드리고 있다. 어느 나라는 뒤처지고 어느 나라는 부유해지는 것이 아니라 각 나라의 정치와 복지가 안정적으로 동반성장해야 경제도 발전할 수 있다.

중산층의 소비 욕망, '몰'과 '파크'에 몰려들다

새로운 문화, 몰링

일가족이 쇼핑몰에 놀러와 엄마가 쇼핑을 하는 동안 아빠가 아이들을 돌보는 풍경, 또래 젊은이들이 삼삼오오 모여 최신 유행하는 옷을 고르거나 카페에서 디저트를 먹으며 스마트폰으로 '셀카'를 찍는 풍경. 요즘 아세안 도심 곳곳의 대형 쇼핑몰에 가면 흔히 볼 수 있는 모습들이다.

대형 쇼핑몰은 경제력을 갖춘 중산층의 욕망을 직접적으로 확인할 수 있는 장소다. 베트남, 인도네시아, 말레이시아, 라오스 등 아세안 각국 도심에 들어선 대형 쇼핑몰들은 '냉방'과 '치안'이 확보된 독립된 공간에서의 소비문화와 여가를 즐기는 젊은 세대의 트렌드가 집약된 곳이다.

쇼핑몰에서 노는 젊은이들의 소비문화를 뜻하는 '몰링(malling)'은 아세안 젊은이들 사이에서 빠르게 유행을 탔다. 10~20대들은 주말이면 친구들과 함께 쇼핑몰에서 사고 싶은 것을 사고, 오후 내내 머물면서 구경을 하고, 함께 외식을 하고, 영화 관람이나 게임을 즐기며 하루를 보낸다.

인도네시아 자카르타의 한 대형 쇼핑몰에 놀러온 젊은이들은 몰링을 즐기는 것이 자신들의 평범한 일상이라고 입을 모았다.

"보통 젊은이들은 평일이건 주말이건 쇼핑몰에 가죠. 일상생활에 벗어나 몰에서 쇼핑을 하거나 영화를 보거나 음식을 먹거나 미용실을 가는 것이죠. 그저 둘러보는 것만으로도 즐거운 공간이에요. 몰에 오면 최소 5만 루피아(약 5만 원) 정도를 씁니다. 지갑에 있는 돈을 다 쓰기도 하지요."(스테파니 치트라, 21세, 남)

"쇼핑도 할 수 있고 영화도 볼 수 있고 음식도 먹을 수 있는 곳이 한 데 모여 있어서 모든 것을 할 수 있죠. 올 때마다 2~3만 루피아 정도 사용해요."(주나니삭, 20세, 여)

말레이시아 쿠알라룸푸르에 위치한 초대형 쇼핑몰 '파빌리온 쿠알라룸푸르'도 지역주민과 관광객을 포함해 연간 3,000만 명이 넘게 찾는 명소다. 파빌리온의 마케팅 디렉터인 쿵 수안 아이는 이곳이 관광과 패션, 외식 등 소비와 레저산업의 허브가 되었다고 말한다.

"저희 손님 중 30%는 국제 관광객이지만 나머지 70%는 지역주민들입니다. 사람들은 거의 주말마다 쇼핑몰에 가죠. 쇼핑만이 아니라 모임, 축하, 교육의 장소이기도 합니다. 말레이시아에서 쇼핑은 문화입니다."

'쇼핑'이 '일상의 문화'가 되었다는 것. 아세안 신세대의 자유로운 소비문화는 이전 세대에는 없던 경제력과 자신감을 바탕으로 한 것이다. 그들은 소비생활을 즐기는 것에 대해 거리낌이 없다. "돈을 써야 좋은 것을 얻을 수 있다"며 '돈의 가치'에 대해 당당하게 말할 줄 알며, "품질이 좋으면 가격은 상관없다"고 하며 구세대와는 확연히 달라진 소비 태도를 보인다. 수입이 늘어난 중산층, 고소득 싱글, 전문 직종에 종사하는 젊은 맞벌이부부 등으로 인해 명품 브랜드의 매출도 아세안 전역에서 크게 늘고 있는 추세다.

경제 전문가들은 일찍이 '소비시장'으로서의 아세안의 변화에

인도네시아 자카르타의 시내 전경

인도네시아 자카르타 시내에 위치한 쇼핑몰. 인도네시아 젊은이들에게 몰링은 일상생활이다.

주목해왔다. 프레이저 톰프슨의 다음 이야기는 그 변화가 어떤 것
인지를 잘 설명하는 대목이다.

"아세안의 경제는 놀라우리만치 신속하게 성장하고 있습니다.
상대적으로 젊은 인구에, 여러 좋은 경제 기반을 갖고 있으며, 정

부 부채도 적고, 인플레이션도 상당히 안정적입니다. 중국보다 훨씬 젊은 인구에, 무역지대 측면에서 전략적인 위치에 있으며, 무척 경쟁력 있는 임금 구조를 갖고 있습니다. 매우 강력한 위치에서 시작하는 것이죠. 게다가 아세안은 중요한 소비시장이 되고 있습니다. 이는 흥미로운 부분인데요, 왜냐하면 이 지역에 관한 예전의 관심은 주로 저렴한 비용의 생산기지에 있었기 때문입니다. 하지만 지금은 경쟁력 있는 생산기지이며 동시에 중요한 소비시장으로서의 진가를 인정받고 있습니다."

생산기지가 아닌 소비지역으로의 변화. 톰프슨 씨가 말한 것처럼 '아세안에 커다란 신흥 소비의 기회가 있을 것임을 여러 국제기업들이 알아채기 시작'한 것이다.

새로운 부의 소유자, 아세안의 중산층

태국 방콕의 시암 파라곤 쇼핑몰에 위치한 어린이 테마파크 '키자니아(Kidzania)'. 키자니아는 어린이들이 역할 놀이를 통해 다양한 직업을 체험할 수 있는 테마파크로 서울을 포함해 13개국에 총 16개가 세워져 있다. 아세안에는 방콕 외에도 인도네시아 자카르타, 말레이시아 쿠알라룸푸르에도 들어서 있는데 그중 방콕 키자니아의 규모는 1만 제곱미터에 이른다. 세계 최대의 키자니아는 야외시설로 세워진 멕시코 본부에 있지만, 야외가 아닌 실내시설

중에서 최대 규모를 자랑하는 곳은 단연 방콕이다.

이곳은 2013년 3월 오픈한 이래 태국 국민은 물론 전 세계 다국적 부모와 자녀들이 방문하는 국제적 놀이터가 되었다. 적지 않은 입장료(4~14세 아동 : 1,000바트(약 3만 2,000원), 성인 : 500바트)에도 불구하고 인근 아세안 국가들과 전 세계에서 찾아오는 관광객의 증가로 한 해 방문객이 100만 명에 이른다. 주요 타깃은 14세 이하의 자녀를 둔 30~40대 중산층 부모들이다. 교육에 관심이 많은 태국의 신세대 부모들은 어린 자녀들에게 이색 교육체험을 시키는 것에 적극적이다. 게다가 이곳에는 다국적 아이들이 많이 오기 때문에 영어로 진행되는 체험들이 많아 더더욱 부모의 관심을 끈다. 태국 북부지방인 치앙라이에서 온 두 아이의 아빠 위룻 생위라이는 자녀들을 데리고 방콕 키자니아에 방문한 게 벌써 두 번째라고 한다.

"아이들이 좋아해서 다시 방문했어요. 다양한 직업을 직접 경험하면서 미래에 어떤 일을 하고 싶은지 아이 스스로 정하게 하고 싶어요. 다음에 방콕에 오게 된다면 또 올 생각입니다. 기회가 있을 때마다 올 것 같네요."

키자니아 외에도 아세안 대도시 곳곳에는 다양한 종류의 대규모 테마파크들이 들어서고 있다. 유명 블록 장난감을 테마로 한 말레이시아의 '레고랜드'는 동남아시아 최초이자 최대 규모로 세워져 아이들은 물론이고 어른들에게도 큰 인기를 끌고 있으며, 싱가포르에 있는 세계 최대 규모의 해양 수족관인 '마린 라이프 파크', 태국 파타야의 애니메이션 테마파크 '카툰네트워크 아마존' 등도 호황을 누리고 있다. 이러한 '파크'들이 전에 없이 초대형 규모로 들어선 것은 아세안 중산층의 증가와 무관하지 않다. 방콕 키자니아의 경우 방문객 중 외국인이 아닌 태국 현지인의 비율이 65%에 달한다.

이처럼 '몰'과 '파크'를 즐기며 소비를 주도하고 있는 아세안의 중산층은 앞으로 얼마나 더 성장할까? 소비계층 증가 현상에 대해서는 여러 전문가들이 엇비슷한 전망들을 내놓고 있다. 소비계층 혹은 중산층의 범위를 어떻게 설정하느냐에 따라 그 비율과 숫자는 다소 차이가 날 수 있으나 여러 통계와 견해들이 궁극적으로 가리키는 바는 크게 다르지 않다.

"아세안 중산층 규모는 2009년 8,000만 명에서 2030년 4억 9,900만 명으로 증가할 것이며, 세계 중산층 규모 대비 아세안 중산층이 차지하는 비중도 4.4%에서 10.2%로 상승할 전망이다."(현대경제연구원)

"동남아시아 주요 5개국(말레이시아, 인도네시아, 필리핀, 베트남, 태국)의 중산층 규모는 2012년 2억 9,000만 명에서 2020년 3억 8,000만 명으로 늘어날 것이다."(영국 유로모니터)

"2010년 전체 인구 중 24%였던 아세안의 중산층 비중은 2030년에 65%까지 늘 것이다."(아시아개발은행)

이런 내용들이 공통적으로 시사하는 것은 향후 10~20년 이내에 벌어질 아세안 중산층의 급격한 팽창이다. 씨티은행 아시아태평양지사 대표 조나단 라슨은 빠르게 부를 축적하고 있는 중산층을 일컬어 '새로운 부의 소유자(The New Wealth Builders)'라고 표현하면서 "NWB는 세계 경제에서 매우 중요한 현상이다. 그들은 스스로 부를 만들고 성장을 중시한다"라고 말한 바 있다. KPMG 대표 필립 리는 이들을 일컬어 "장기적으로 성장할 준비가 되어 있다"고 설명한다. 아직까지는 구매력이 아주 높다고는 할 수 없지만 빠르게 성장하고 있는 것만은 사실이라는 것이다. 첨단 기술제품과 소셜미디어에 대해 개방적이며, 명품이나 라이프스타일 제품들, 미용이나 패션에 대한 소비도 크게 늘 것으로 전망되고 있다.

도심의 대형 쇼핑몰과 초대형 테마파크에서 소비생활을 만끽하는 중산층의 폭발적인 성장. 자기들은 부모 세대보다 삶의 질이 개선될 거라고 낙관하며 적극적으로 지갑을 여는 새로운 세대들. 이들은 아세안 전체의 내수시장을 하루가 다르게 성장시키는 일등공신이다.

그러나 소비계층 증가 현상의 이면을 들춰볼 때 아직 한계가 많다는 지적도 있다. 소비인구가 급속도로 늘고 있는 것은 사실이지만 빈부격차도 매우 크기 때문이다. 이와 관련해 위 키 벵 교수는 다음과 같이 이야기한다.

"소비력을 쥔 극소수가 경제 활성화에 기여하려는 의도는 낮습

베트남

* 베트남 중산층 기준 : 가구별 가처분소득 5,000~3만 5,000달러
* 출처 : JETRO

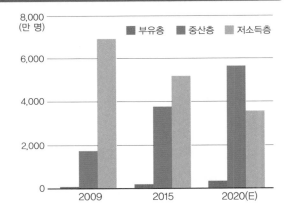

인도네시아

* 인도네시아 중산층 기준 : 연소득 3,000~1만 5,000달러(2000년 불변가격(달러) 기준)
* 출처 : UN, World Bank, HSBC

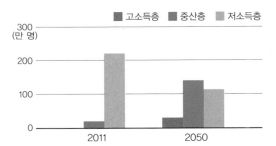

필리핀

* 필리핀 중산층 기준 : 연소득 3,000~1만 5,000달러(2000년 불변가격(달러) 기준)
* 출처 : UN, World Bank, HSBC

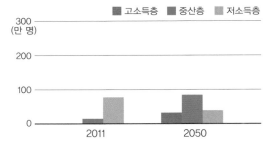

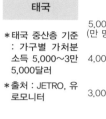

*태국 중산층 기준
: 가구별 가처분
소득 5,000~3만
5,000달러
*출처 : JETRO, 유
로모니터

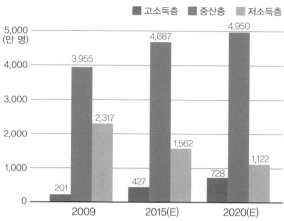

아세안 7개국의 중산층 인구 수

*자료 누락으로 아
세안 10개국 가운
데 브루나이, 라
오스, 미얀마는
제외.
*출처 : OECD,
The Emerging
Middle Class
in Developing
Countries by
Homi Kharas,
Jan, 2010

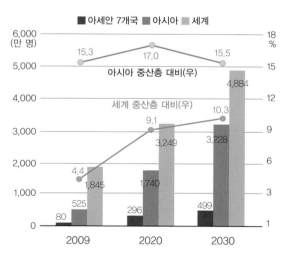

니다. 수입 격차가 클수록 경제 활성화에는 악영향을 끼치죠. 따라서 인구 전체의 수입이 고루 증가하지 않는다면 경제성장에도 한계가 있습니다. 말레이시아의 경우 빈곤층이 아직 많고 인플레이션에 관한 논란이 많으며 최근에는 정부가 6%의 세금을 매기는 정책(최근 유가 하락으로 6%의 물품소비세를 매기는 정책)이 국민들의 소비성향에 영향을 주고 있습니다. 싱가포르도 고가의 자동차 구매율은 상승했지만 동시에 빈곤층의 불평등도 심각해졌습니다. 소비가 늘어 부자가 되는 젊은 층도 있지만 그렇지 않은 젊은 층도 많아요. 아세안의 국가들에서 비슷한 현상이 일어나고 있습니다."

실제로 한 사회의 빈부격차 문제는 사회 불안요소가 될 뿐더러 경제성장에도 한계로 작용한다. 위 키 벵 교수는 '각 나라가 경제제도 개혁으로 해결해야 하는 문제'라고 지적한다. 제도 개선을 통해, 그리고 자라나는 세대에 대한 교육을 통해 빈부격차를 어느 정도 극복해야만 비로소 세계적인 경쟁력을 갖출 수 있다는 것이 전문가들의 견해다.

동남아시아의 아마존, 라자다

TV 화면을 보고 있던 주부의 눈이 번쩍 뜨인다. 그녀는 곧바로 전화기를 들고 원하는 물건을 주문한다. 며칠 후, 잘 포장된 택배 상자를 든 기사가 초인종을 누른다. 여기까지는 우리가 알고 있는 홈쇼핑에서의 쇼핑과 크게 다르지 않다. 그러나 그 다음부터는 우리나라와 조금 다르다. 택배기사가 집 안에 들어와 상자를 개봉하고 포장을 풀어 고객의 눈앞에서 물건을 직접 확인시켜주고 나면, 물건을 요모조모 살펴본 후 구매를 최종 확정한 고객이 택배기사에게 그 자리에서 물건값을 현금으로 건네기 때문이다.

최근 베트남에서 불고 있는 새로운 소비문화의 물결은 바로 홈쇼핑이다. 방송을 보다가 사고 싶은 것이 있으면 곧바로 전화번호

홈쇼핑에서 상품을 주문한 주부에게 택배기사가 상품을 배달하고 있다.

만 누르면 된다. 가전제품, 주방용품, 생활용품, 운동기구, 건강식품 등 품목도 다양하다.

단, 택배기사에게 직접 물건 값을 건네는 '캐시 온 딜리버리(Cash On Delivery)' 방식은 동남아시아의 전반적인 결제문화와 연관이 있다. 전자상거래가 점차 활성화되고 있기는 하지만 일반 사람들의 신용카드 보유 비율이 10% 정도로 아직 낮은 편인 데다 온라인 결제를 그다지 신뢰하지 않는 까닭이다. 물건을 받고 눈으로 직접 확인을 하고 나서야 비로소 안심하고 현금을 지불하는 것이다. 택배기사의 역할도 단순히 물건을 전달하는 것이 아니라 고객에게 물건을 확인시켜주고 현금을 정확히 수령하는 것까지 포함된다.

베트남에 TV홈쇼핑이 첫 선을 보인 것은 약 6년 전이지만 이제

홈쇼핑은 베트남 사람들의 삶에 깊숙이 자리를 잡았다. 홈쇼핑이 대중화되었다는 것은 중산층의 개인 소비가 늘고 있다는 뜻이다. 뿐만 아니라 전자상거래가 빠르게 활성화되고 있음을 의미한다.

베트남의 연간 전자상거래 매출액은 3조 8,000억 원, 그중에서 홈쇼핑 채널 5개의 연간 매출액은 1,400억 원에 달한다. 온라인 유통시장은 2008년 이후 30%라는 높은 성장률을 보이고 있다.

TV홈쇼핑에 이어, 인터넷과 스마트폰에 익숙한 젊은 층을 대상으로 온라인 쇼핑몰도 금세 보편화되었다. 동남아시아의 중산층 성장과 스마트폰 사용 증가로 인해 전자상거래 시장이 급격히 성장하여 오는 2018년에는 시장 규모가 2배가 될 것이라는 전망이 나오고 있다(출처 : 컨설팅업체 프로스트 앤 설리번(Frost & Sullivan)).

현재 가장 대표적인 온라인 쇼핑몰업체로는 '동남아시아의 아마존'이라는 별명으로 불리는 '라자다(Lazada)'가 있다. 라자다는 독일 로켓인터넷이 설립한 회사로, 2012년 동남아시아 6개 국가(인도네시아, 말레이시아, 필리핀, 싱가포르, 태국, 베트남)에서 동시 론칭했다. 베트남에서는 2013년에 본격 진입한 후 2014년 시장 점유율이 36%가 넘을 정도로 베트남 최대의 B2C 전자상거래 사이트로 자리매김했다.

전자상거래를 낯설어하던 베트남에서 라자다는 채 3년도 되기 전에 중산층 생활의 일부로 스며들었다. 초창기에 비해 품목도 다양해졌고, 소비 지역도 호치민이나 대도시 외 지역으로 점차 확장

되고 있으며, 물류와 배송 시스템을 개선시켜 배송기간이나 비용
도 지속적으로 줄이고 있다. 활력 있는 분위기와 근무조건으로 인
해 재능 있는 베트남 젊은이들이 취업하고 싶은 기업체로도 손꼽
힌다.

베트남을 포함해 동남아시아의 전자상거래 시장을 독점하다시
피 한 라자다는 기업 가치도 13억 달러가 넘는 것으로 평가되고
있다. 미국의 아마존, 중국의 알리바바, 일본의 라쿠텐(Rakuten) 등
해외 글로벌 전자상거래업체들의 진입과 한국, 중국 등 경쟁업체
들의 적극적 마케팅으로 인해 아세안 전자상거래 시장은 날로 경
쟁이 치열해지는 분위기다.

전자상거래 시장의 확대

우리나라의 홈쇼핑업체들도 일찍이 아세안 전자상거래 시장의
잠재력을 간파했다. CJ홈쇼핑(중국, 인도, 태국, 베트남, 필리핀, 터키, 일
본)과 GS홈쇼핑(중국, 인도, 태국, 베트남, 인도네시아, 말레이시아, 터키)
등이 대표적인데, CJ홈쇼핑과 베트남 케이블회사 SCTV가 합작한
SCJ홈쇼핑의 경우 2011년 오픈한 이후 베트남 홈쇼핑 시장 점유
율 1위를 차지했다. GS홈쇼핑의 경우 말레이시아의 최대 미디어
그룹 아스트로(Astro)와 합작한 Go Shop이 2014년 12월에 개국
했으며, 향후 3년 안에 TV홈쇼핑의 해외 판매액이 국내 판매액을

넘어설 것으로 전망하고 있다.

베트남의 SCJ홈쇼핑은 현지 시장 공략을 위해 젊은 고객층의 수요를 파악하는 데 주력했던 것이 성과를 거뒀다. 상담원 한 명당 하루 평균 200통 정도의 상담 및 주문 전화를 받을 정도로 젊은 층에게 인기를 끌고 있다. 20~30대는 주로 화장품, 액세서리를 많이 주문하고, 30대 이상은 가정용품이나 건강 관련 제품을 많이 주문한다고 한다.

SCJ홈쇼핑의 엄주환 법인장은 베트남이 30대 미만이 전체 인구의 65%를 차지할 정도로 젊은 국가라는 점, 그로 인해 '새로운 변화에 대한 수용성'이 굉장히 높다는 점을 시장 특성으로 꼽았다. 얼리어답터 상품처럼 새로운 시장에 접목하기 어려운 상품들도 얼마든지 빠른 접근이 가능하다는 것. 이러한 역동적인 가능성과 잠재력 때문에 대기업뿐만 아니라 중소기업들도 베트남을 포함한 아세안 시장을 공략하려는 노력이 이어지고 있다. SCJ의 경우 글로벌 상품 소싱 전문 자회사인 CJ IMC를 통해 한국 중소기업들의 상품들을 직접 베트남에 소개하고 있는데, 중소기업 상품들이 SCJ 전체 매출액의 25~30%를 차지할 정도로 반응이 좋다고 한다. SCJ는 이런 시장 공략이 한국의 기업들에게도 도움이 될 것으로 여기고 있다.

베트남은 쌀, 커피, 원유 같은 자원과 물자가 풍부하며 과거와 현재, 미래가 공존하는, 성장 가능성이 무한한 국가다. GDP의 지

분주하게 방송을 준비하는 홈쇼핑

속적인 성장세로 소득 수준이 높아지고 있어 개인용 제품 혹은 젊은 맞벌이 부부에 맞는 제품들로 구매 스타일이 변화하고 있는 것도 베트남 시장의 특징이다. 그러나 아세안 시장을 공략하려면 빠른 변화 패턴과 국가별 특성을 면밀히 파악해야 한다는 것이 엄주환 법인장의 부연 설명이다.

"우수한 상품을 수출하기 원하는 기업체에게는 잠재력이 크고 좋은 시장이라고 생각됩니다. 하지만 그 나라의 행정 및 법률 절차에 맞게 라이센스나 프로모션을 미리 준비하여 사업을 진행해야 하며, 특히 젊은 구매층의 변화가 매우 빠르기 때문에 상품 사이클도 예상보다 짧을 수 있음을 감안하고 장기적 안목으로 접근해야 합니다."

그의 설명에 의하면 AEC 출범에 따라 베트남을 비롯한 아세안 각 국가마다 행정이나 법률 제도가 많이 바뀔 것이기 때문에 이를 대비해야 한다고 말한다. 예컨대 베트남의 경우 사회주의 국가의 특성으로 인해 서적이나 정기간행물은 100% 베트남 사업 투자 자가 아니면 판매하지 못했지만 AEC 출범으로 인해 이 또한 바뀔 가능성이 높다.

아세안의 전자상거래 시장은 이제 막 태동을 시작했다. 미국이나 중국의 경우 전자상거래가 전체 소매의 10% 정도의 비중을 차지하는 데 비해 동남아시아는 아직 1% 미만이다. 이 때문에 지금까지보다 앞으로의 성장 잠재력이 더 클 것이라는 전망이 지배적이다.

인터넷과 스마트폰 보급률이 매년 가파르게 증가하고 있는 무한한 가능성의 무대, 아세안을 점령하기 위한 전자상거래 업체들끼리의 경쟁은 가히 공룡들의 전쟁터를 방불케 할 것으로 예측되고 있다.

자고 일어나면 오르는 필리핀 아파트값

"아파트를 구매할 최적기가 언제냐고 물으면 바로 어제였다고 대답합니다. 필리핀 부동산 가격은 낮아지지 않거든요. 계속 오를 겁니다."

필리핀 부동산업체 '메가월드(Mega World)'의 부사장 제리코 고(Jericho P. Go)의 말처럼 최근 필리핀은 고급 부동산 시장이 활황이다. 마닐라의 부동산 판매율은 매년 7~8%씩 증가하고 있는데, 판매율이 떨어질 징후가 보이지 않는다.

2012년 6월 필리핀의 보니파시오 글로벌시티(Bonifacio Global City, 필리핀 최초의 국제 업무 복합 신도시. 아파트와 쇼핑시설이 대단위로 들어섰다)에서 분양된 최고급 주상복합 아파트인 '더 스위트'는 평당

분양가가 1,600만 원이었음에도 4일 만에 99%가 분양되었다고 보도된 바 있다.

보니파시오 글로벌시티(BGC) 외에 부동산이 활성화된 지역으로는 마닐라 인근에 있는 마카티 시, 오티가스 센터, 타퀵 시 등이 있다. 서울 종로구와 비슷한 면적에 인구가 약 53만 명이 살고 있는 상업과 경제의 중심지 마카티 시는 아파트 평당 가격이 1,000만 원을 넘어선 이래 최근 계속 급등하고 있다. 국제결제은행(BIS)에 의하면 마카티 지역의 주택 가격은 2014년 3/4분기에 2008년 1/4분기보다 50% 정도 상승했다. 아시아개발은행(ADB) 본부가 있으며 새로운 상업지구로 급부상하고 있는 오티가스 센터와 인구 65만 명의 상업도시 타퀵 시도 대표적인 부동산 활황 지역이다.

과열로 치닫고 있는 필리핀 부동산 열풍의 원인은 무엇일까? 아시아는 물론이고 호주나 미국 등 외국인 투자자들이 필리핀의 부동산에 주목하는 이유는 외국인이 콘도형 아파트를 취득하는 데 있어 큰 제한이 없는 데다 대출 금리도 비교적 낮기 때문이다. 글로벌 경제위기와 상관없이 필리핀의 GDP가 지속적으로 성장하고 있는 것도 건설 투자로 인한 부동산 시장 활황이 주요 원인으로 꼽히고 있다.

"법적으로 아파트의 40%를 외국인들에게 판매할 수 있기 때문에 수요를 높일 수 있습니다. 게다가 필리핀에는 서양화된 문화가 있어서 이곳에서 생활하며 지낼 외국인 근로자들을 유치하는 데 있어서도 유리하죠."

제리코의 설명에 의하면 필리핀 마닐라 지역 아파트의 평균 가격은 평방미터당 15~20만 페소 이상으로, 특히 주거용 아파트와 쇼핑몰, 즉 생활, 업무, 편의, 레저시설을 고루 갖춘 복합단지를 뜻하는 이른바 '타운십 커뮤니티'에 대한 수요가 폭발적으로 늘고 있다. 이러한 단지에 있는 주거용 아파트들은 착공도 시작하기 전에 70%가 미리 판매될 정도다. 메가월드는 이스트우드 시에 세운 필리핀 최초의 IT 단지를 비롯해 필리핀 전국 대도시에 복합단지를 건설하고 있으며 사업장을 20군데로 늘릴 예정이다.

"필리핀의 부동산 구매가 매력적인 이유는 여러 가지입니다. 그 중에서도 타운십은 안전과 보안이라는 많은 부가가치를 가져다 줍니다. 예를 들어 맥킨리 힐은 50헥타르 규모의 타운십 단지인데 그곳에는 한국대사관이 있고 한국 국제학교도 있습니다. 외국인들에게 매력적인 풋볼경기장 같은 편의시설들도 있고요."

입주자들은 아래층으로 내려가기만 하면 맥도널드와 스타벅스가 있고 길 하나만 건너면 영화관과 레저시설이 있는 편의성을 높이 산다. 대형 브랜드들에게는 이곳 단지 내에 들어서 있는 IT업체들로 인해 24시간 영업을 할 수 있다는 점에서 입점할 만한 가치가 있는 엄청난 시장이다.

실거주가 주요 목적, 아직 과열 아니다

그렇다면 부동산시장 과열과 거품에 대한 우려는 없을까? 제리 코는 필리핀의 부동산 열풍을 '거품'으로 보지는 않다. 아직은 투기용도보다는 거주 용도로 많이 팔리고 있기 때문이다.

"판매액보다 중요한 건 거주율입니다. 매매가 되더라도 그 안에 사는 사람이 없다면 부동산 거품을 우려할 수 있죠. 하지만 상당수의 필리핀 아파트는 주거 목적으로 판매되며 실제로 사용 중이기 때문에 부동산 거품에 대한 우려를 불식시킬 수 있습니다."

최근 필리핀은 정보기술, 재무, 회계를 필리핀인들에게 위탁하는 BPO(Business Process Outsourcing : 비즈니스 프로세스 아웃소싱) 업체들이 성행하면서 단기간 입주를 원하는 외국인들과 자국민들의 이동이 많아지고 있다. IT와 BPO업계의 발달, 그리고 외국 투자유입으로 인해 주거용 아파트에 대한 수요가 늘고 있는 것이다.

또 하나, 자국민의 주택 수요 증가도 필리핀 부동산 시장 발달의 원인이다. 내 집을 마련하려는 인구가 많다는 뜻이다. 제리코는 '필리핀의 주택 수주 잔량은 인구 약 1억 명 중 300~500만 가량'이라며 "아직 많은 수의 필리핀 사람들이 '자기 집'이 없기 때문에, 주택을 더 만들어야 한다"고 말한다. 해외에서 취업한 필리핀 노동자들의 숫자는 전 세계적으로 1,000만 명. 그들이 고국에 있는 가족들에게 돈을 보내면 가족들이 제일 먼저 마련하는 것도 바로 부동산이다. 부동산 열풍이 무섭게 불고 있는 것 같지만 아직까지 공

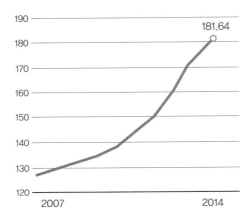

190

180   181.64
                ○

170

160

150

140

130

120
  2007   2014

* 2002년을 기준 100으로 삼음. 14개 도시 종합(출처 : 인도네시아은행)

* 인도네시아 자카르타의 경우 2013~2014년 2년에 걸쳐 주택 가격이 184% 급등했으며, 건설
  및 부동산 지수도 2014년 1년간 26% 상승했다(출처 : 영국 글로벌 부동산컨설팅업체 나이트프
  랭크).

급보다 수요가 더 많다는 것이다.

필리핀뿐만 아니라 아세안 주요 도시들의 부동산 가격은 계속
오르고 있다. 베트남의 경우에도 부동산 프로젝트에 의해 신축 주
택 공급량이 늘고 있을 뿐더러, 2015년 1/4분기에 고급 아파트를
중심으로 3년 만에 가장 높은 수준인 6% 정도의 성장률을 보였다
(출처 : 부동산 전문회사 CBRE).

부동산 활황 현상이 두드러지고 있는 인도네시아의 자카르타
의 경우에도 2013년도 아파트 분양가가 전년 대비 63% 상승했

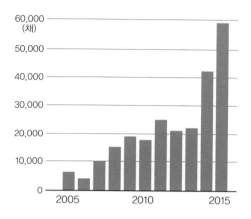

＊2015년은 전망치, 200만 페소 이상(출처 : WSJ)
＊2014년 필리핀 마닐라 마카티 지역의 주택 가격은 2008년보다 50% 가까이 증가했다(출처 :
　국제결제은행(BIS)).

다. 건설 및 부동산 지수도 2014년 한 해에 26% 올랐다. 자카르타 신축 아파트의 평균 매매가는 1제곱미터당 1,800만 루피아(약 153만 원) 수준. 높은 가격에도 불구하고 주거용 아파트의 비율이 70~75%에 이르는데 2014년 1/4분기의 판매율이 전년도 대비 50% 정도 증가했다(출처 : 부동산 컨설팅업체 JLL(Jones Lang Lasalle)).

특히 자카르타 남부를 중심으로 주상복합 빌딩들과 고급 쇼핑센터들이 속속 들어서는 중이다. 주거 및 상업지구가 발달한 칼리바타(Kalibata) 시의 그린팰리스 아파트 단지는 2013년 7월 분양을 시작한 직후 75%가 분양 완료되었고, 인도네시아 상류층을 타깃으로 고급 쇼핑복합단지와 호텔 등을 운영하는 회사인 '플라자 인도네시아'에서는 상류층에 이어 중산층을 대상으로 한 아파트(Alterra residences)를 건설했다. 2017년 완공할 계획으로 건설 중인 아파트 복합단지 치푸트라 인터내셔널(Ciputra International)에는 사무용 건물과 아파트뿐만 아니라 5성급 호텔과 쇼핑센터 등이 들어설 예정이다.

아파트에 대한 상류층과 중산층의 수요가 지속적으로 증가하고 있다는 점에서, 그리고 자국과 해외의 투자자들이 이 지역 부동산의 가치를 높이 사고 있다는 점에서, 아세안의 부동산 시장은 당분간 활황을 이어갈 것으로 전망되고 있다.

PART 2

자원의 바다

신은 아세안에 모든 것을 주셨다

아세안 지역은 연중 따뜻한 기온과 풍부한 강수량 덕분에 1년 내내 풍족하게 식량자원을 얻을 수 있다. 예로부터 사람이 키우지 않아도 '바다에는 물고기가, 논에는 쌀이 난다'는 속담이 있을 정도. 뿐만 아니라 천연고무와 팜, 티크 등 열대지방에서만 자라는 나무들은 아세안 국가 수입의 주요 부분을 차지하고 있다. 땅과 바다 밑에 풍부하게 매장된 석유와 석탄, 천연가스, 니켈 등 천연자원은 석유 한 방울 나지 않는 우리나라 입장에서는 그저 부러울 따름이다. 자원을 많이 가진 만큼 수탈의 아픈 역사도 갖고 있다. 수백 년에 걸친 서구의 식민 지배에서 벗어난 후에도 자본과 기술을 앞세운 글로벌 기업들의 공세가 이어졌다. 아세안 국가들은 오랜 시간 침묵을 지켜왔지만, 이제는 자신들이 가진 자원을 지키기 위해 발 벗고 나서고 있다. 자원이 곧 국가의 힘을 의미하는 시대에, 자원을 관리하여 세계 시장 가격을 주도하고 이를 발판으로 자국의 경제성장을 도모하겠다는 것이다. 가진 것을 빼앗기는 입장에서 벗어나 가진 것을 적극 활용하고 있는 아세안 국가들의 무서운 잠재력을 진단해본다.

01

신의 축복을
받은 땅

물에는 물고기, 논에는 쌀

베트남 최남단, 메콩 강과 바다가 만나는 메콩 델타의 도시 까마
우(Ca Mau).

이곳은 풍요와 축복의 땅이다. 축복의 근원은 메콩 강. 중국 티
베트부터 시작되어 라오스, 미얀마, 태국, 캄보디아를 거쳐 베트남
에서 7개의 물줄기로 갈라지는, 총 길이 4,000킬로미터가 넘는 동
남아시아 최대의 강이자 젖줄이다. 토착어로 '모든 강의 어머니'라
는 뜻으로, 사람들은 오랜 세월 동안 '어머니 강' 주변에서 갖가지
작물을 키우고 물고기를 잡고 강 위에서 교역을 하며 살았다.

강물의 수위가 낮아지기 시작하는 저녁 7시. 강가에서 분주하게
움직이기 시작하는 사람들이 있다. 수문을 막고 그물을 쳐서 만들

어놓은 새우양식장에서 수확물을 거두기 위해서다. 작업은 그리 복잡하지 않다. 양식장의 물이 강 쪽으로 빠지도록 만들어놓은 수문에 미리 쳐놓았던 그물을 거둬들이기만 하면 된다. 그물에는 커다란 블랙타이거 새우가 한 무더기 걸려들어 있게 마련. 새우 양식장이지만 그물에는 씨를 뿌려놓았던 새우 말고도 다른 수산물들이 보너스처럼 주렁주렁 매달려 있다. 사람들은 강이 준 이 선물들을 종류별로 분류하기만 하면 된다.

블랙타이거 새우는 우리나라에서도 많이 수입하는 새우로 주로 동남아시아 지역, 특히 메콩 강 유역에서 양식한다. 양식이라고는 하지만 자연산이라 해도 무방할 정도다. 조수간만의 차이로 바닷물이 강 쪽으로 밀려오는 것을 이용해 반자연 양식장을 만들었다. 메콩의 흙빛 강물 속엔 건강한 생태계의 토대가 되는 영양분이 풍부하기 때문에, 물을 가둬놓은 곳에 새우 씨를 뿌려두고 90일만 기다리면 출하할 수 있는 크기로 자라난다.

몸길이 25센티미터쯤 되는 이 새우는 살이 쫄깃하고 단맛이 강해 최고급품으로 평가받는다. 아시아, 유럽, 북미 등 전 세계로 수출하는데, 양식장 한 곳에서만 한 달 동안 20여 톤을 잡는다. 1톤에 약 1,200만 원이니 한 달 수입만 2억 원가량 된다. 베트남을 통틀어 1년에 생산되는 블랙타이거의 양은 약 30만 톤. 그 중 까마우가 생산량의 반 이상을 차지한다. 수확한 새우를 손질해 상품으로 만드는 가공 공장도 까마우 시에만 30곳이 넘는다. 연간 수익은 약 8,500억 원. 까마우가 부를 일굴 수 있게 된 것은 이러한 새우 양식이 도시의 주 수입원이 되면서부터다. 새우공장을 운영하는 부이 민 손의 말처럼 '까마우 전체가 새우로 먹고 산다'고 해도 과언이 아니다.

놀라운 사실은 이곳에서 새우 양식만 하는 것이 아니라는 것이다. 1년 중 강이 범람하는 우기에는 민물에 벼를 재배하고, 물이 빠지는 건기에는 논바닥에 바닷물을 가둬 새우 양식장으로 바꾼다. 까마우는 1990년대부터 이미 벼농사와 새우양식을 같이 하고 있었는데 2000년대부터는 새우양식장을 좀더 확장했다. 기존의 참새우보다 수익성이 좋은 타이거새우 양식장을 늘리면서 도시 전체의 수입도 크게 늘었다. 블랙타이거 양식장을 운영하는 반 홍(Van Hung)은 "경제적으로 벼농사보다 새우양식의 수익이 4~5배 더 높다"고 말한다. 정부에서 시켜주는 새우양식 교육과정을 수료하고 7년째 참새우 양식장을 운영하고 있는 자오 반 으완(Dao Van Ngoan)도 "같은 면적당 수익을 따지면 새우양식이 쌀 수익보다 3배 많다"고 말한다.

베트남 정부에서는 정책적으로 새우양식을 장려한다. 국가기관에서 농민들에게 새우양식 기술을 교육시키고 정기적인 교육프로그램을 운영하며, 지속적으로 새우 품질 및 양식장 시설 테스트를 하고, 좋은 성과를 낸 농민에게는 훈장도 수여한다. 베트남 수산청의 루 꽌 지엠(LUU QUAN ĐÉM)은 "메콩 델타 지역 중에서도 까마우

베트남 최남단 까마우는 메콩 강과 바다가 만나는 곳으로 풍부한 해산자원을 통해 부를 일구어낸 도시다.

까마우의 주요 수입원은 새우 양식이다. 이곳에는 30곳이 넘는 새우 가공 공장이 성업중이다.

반도에서 나는 새우의 품질이 가장 좋다"고 하며, 새우뿐만 아니라 오징어, 굴, 조개류 등의 수산물 수출은 이 지역과 베트남 전체의 강점이라고 말했다. 베트남의 많은 농민들이 벼농사와 수산물 양식을 병행하여 외화벌이에 큰 몫을 하게 된 데에는 정부의 적극적인 홍보와 지속적인 교육이 큰 역할을 했다는 설명이다.

세계 최고의 쌀 생산지

새우양식이 주 수입원이 되기 훨씬 전부터 메콩 강은 베트남 남부 지역 사람들에게 풍요로운 삶을 선사했다. 비옥한 토양, 3모작이 가능한 풍부한 강수량, 거대한 메콩의 물 공급은 온갖 작물을 풍성하게 자라게 했는데 그중에서도 으뜸은 쌀이었다.

이는 베트남의 독특한 음식문화에도 반영되어 있다. 베트남의 다양한 음식 중에는 '바인 호이(BANH HOi), 바인 쿠온(BANH CVON), 바인 쌔오(BANH XEO)'처럼 쌀을 활용한 음식을 뜻하는 '바인(Banh)'이 들어간 음식명이 많다. '남쪽은 쌀이 희고 물이 깨끗해 한번 오면 떠나지 않는다'는 베트남 속담은 이곳의 풍부한 쌀 생산량과 풍요로운 식생활의 역사를 짐작케 한다.

실제로 베트남을 포함한 인도차이나 반도는 예로부터 세계 최고의 쌀 생산지였다. 지난 30년간 줄곧 세계 1위의 쌀 수출국가로 군림하고 있는 태국에는 '물에는 물고기, 논에는 쌀이 있다'는 속담이 있는데, 이 속담은 태국뿐만 아니라 베트남과 캄보디아에도 있는 속담이다. 자연 어업만으로도 수산물을 풍부하게 얻고 쌀은 심기만 하면 수확할 수 있을 정도로 비옥하고 풍족한 땅이라는 뜻

베트남의 노점상. 길거리 음식 역시 쌀을 이용한 것들이 많다.

이다.

　아세안 여러 국가들 중에서도 태국은 지리적 특성상 태풍이나 가뭄 같은 자연재해도 거의 없는 편이다. 식량이 부족할 일이 없다 보니 사람들이 다소 게으른 경향이 있고 애써 식량을 저장하거나 미래를 걱정하지도 않았다고 한다. 오늘 먹을 것을 다 먹어도 내일 고기를 잡거나 쌀을 수확하면 되기 때문이다. 겨울을 대비해 식량을 저장해야 하는 한국, 중국, 일본의 농경문화와는 대조적이다.

　연간 2,000만 톤 정도를 생산해 그중 절반인 1,000만 톤 이상의 쌀을 수출해 50억 달러를 벌어들이는 태국은 국토의 40%가 농경지이고 그중 절반이 논이다. 논의 규모로 보나 농업인의 인구로 보나 어느 나라보다도 압도적이다. 관광산업을 비롯해 최근 들어 자동차나 IT가 발전하고 있지만 쌀 생산만큼은 여전히 가장 중요한 부분이다. 전 세계 쌀 시장에서 쌀의 가격을 결정하는 것도 태국이다. 태국 쌀의 저장량에 근거해 세계 쌀의 가격이 오르내리기 때문이다.

그렇다고 해서 태국의 쌀 생산력이 단순히 수확량 때문이라고 단정해서는 안 된다. 생산뿐만 가공 분야의 기술도 뛰어나, 거대한 공장에서 세척부터 포장까지 전 과정이 자동화되어 있다. 태국의 대표적인 쌀 브랜드인 '로열 엄브렐러(Royal Umbrella)'의 경우 연간 150만 톤을 생산해 아시아부터 중동, 오세아니아, 아프리카, 유럽에 이르기까지 전 세계 100개국 정도에 수출하고 있다. 우리나라 쌀과 달리 태국 쌀은 길고 딱딱해 우리나라에서는 주식용으로 사용하지 않는다. 한국이나 일본으로 수출되는 태국 쌀은 대부분 과자나 술 같은 가공식품 원료로 쓰인다. 수출하는 나라의 쌀 소비량과 소비방식에 따라, 그리고 그 나라가 쌀을 주식으로 하는 나라인지 아닌지에 따라 가공 형태도 달라지는데, 예를 들어 태국 쌀의 가장 주된 수출국으로 꼽히는 아프리카의 나이지리아에서 사가는 쌀은 찐쌀이라고 한다. 나라별 맞춤형으로 가공해 수출하는 것이다. 태국의 대표적인 쌀 수출협회 CP그룹 협회장 차레온 라오타마타스(Chareon Laotamatas)는 "태국인의 삶과 역사는 쌀을 빼놓고는 이야기할 수 없다"며 세계 최대 쌀 생산국으로서의 자부심을 드러냈다.

"태국인들은 만나면 인사를 한 후에 밥을 먹었는지를 묻죠. 밥이

태국은 쌀 생산뿐만 아니라 가공 분야에서도 세계적인 수준에 올라 있다. 전국 각지에서 생산된 쌀을 모아 세척부터 포장까지 전 과정이 자동화 시스템을 통해 이루어진다.

란 상대방을 대접한다는 인간성의 표시죠. 매년 우기가 시작되는 4월 중순이 되면 왕이 직접 논에 나와서 경작 의식을 거행할 정도로 모든 태국인의 삶에서 쌀은 가장 중요한 부분입니다."

풍부한 식량자원의 보고

신이 내린 축복과도 같은 메콩 강으로 인해 굶주림을 겪을 일이 거의 없었던 아세안. 아세안 국가들에서 식량 부족 현상이 발생한 것은 외세 침략이나 내전 같은 특수한 상황이 벌어진 이후였다.

외세에 의한 자원 수탈의 역사는 16세기 이후 유럽 열강이 아시아를 침략하면서 본격적으로 시작됐다. 영국은 미얀마 산 쌀을 매년 200만 톤씩 40년 동안이나 가져갔다. 쌀뿐만 아니라 고무, 커피, 차, 티크 같은 자원들은 유럽이 노리는 주요 무역상품이었다. 동인도회사는 인도네시아의 말라카 제도, 반다 제도에서 300년 넘게 향신료를 수탈했다. 주로 고기 양념으로 사용된 향신료 450그램의 평균 가격이 영국 노동자 열흘치 임금이었을 정도로 향신료는 유럽인들에게 부를 축적하는 수단이었다. 동인도회사는 많을 때는 연간 4,500톤의 향신료를 유럽으로 가져갔고, 무역으로 축적한 자금은 산업혁명의 씨앗이 되었다.

과거 유럽 열강의 무역의 중심지 중 하나였던 필리핀 남서쪽의 술루 해. 만약 동인도회사에서 400년 전 바닷속을 자유롭게 드나들 수 있었다면 향신료를 능가하는 보물들이 이 바다에 차고 넘친다는 것을 알고 바다 밑을 싹쓸이해 갔을지도 모른다. 그것은 다름 아닌 풍부한 해양생물자원이다. 술루 해는 서부 태평양에 서식하는 어종의 70%가 서식하는 곳이기 때문이다.

필리핀 민다나오 섬 남부의 제너럴 산토스 항구의 경우 인근 바

필리핀 민다나오 섬 남부의 제너럴 산토스 항구. 이곳은 세계적인 참치 유통지로 아시아의 참치 수도라고 불린다.

다에서 많이 잡히는 참치 덕분에 '아시아의 참치 수도'가 됐다. 이곳에서 연간 20만 톤의 참치가 수출되며 하루에만 1,000마리가 넘게 하역된다. 다른 곳보다 상대적으로 저렴한 가격 때문에 점점 더 많은 전 세계의 참치 바이어들이 이곳으로 몰려들고 있다.

참치 유통량이 증가하면서 인근 어부들의 생활도 나아졌다. 술루 해의 어부들은 다른 지역의 참치 어획 방식과 달리 작은 배를 타고 먼 바다로 나가 맨손으로 낚싯줄을 끌어올리는 방식으로 참치를 잡는다. 바다 한가운데에서 한 달에 걸친 긴 항해를 해야 하지만, 1등급 참치의 경우 도매시장에 100킬로그램에 70만 원 정도에 팔리기 때문에 가난한 어민들에게는 고생을 감수할 만한 소중한 수입원이다.

예나 지금이나 아세안 사람들은 땅과 강과 바다가 주는 풍요로움 속에서 큰 욕심 없는 삶을 꾸려왔다. 그러나 자원의 보물창고 같은 아세안 지역을 내버려두지 않은 서구 열강의 침략과 수탈로 인해 많은 아세안 국가들이 오랜 기간 식민 통치를 당했고, 독립 후에는 거대 자본과 선진 기술을 앞세운 외국 기업들의 투자와 개발에 거의 전적으로 의존해야 했다. 천연자원을 선점하려는 글로벌 기업들의 아세안 진출이 지금도 이어지고 있지만, 이제 아세안은 더 이상 예전처럼 수탈만 당하지는 않겠다고 다짐했다. 잘 활용하기만 한다면 경제성장과 세계시장을 주도할 수 있는 열쇠가 될 수 있는 것이 바로 자원이기 때문이다.

황금알을 낳는 바다와
검은 노다지가 묻힌 섬

02

땅만 파도 석유가 나온다

벵골 만을 바라보고 있는 미얀마 북서부 짜욱퓨(Kayukpyu) 인근의 바닷가 마을. 이곳의 농민들은 우리가 상상할 수 없는 보물을 파내며 산다.

우선 해변에 구멍을 깊이 파서 파이프를 박아 넣은 뒤 파이프를 통해 쇠로 만든 긴 통을 땅 밑으로 내린다. 파이프는 꽤 길게 이어져 있어, 깊게는 지하 300미터까지 통을 내릴 때도 있다. 얼마 후 다시 줄을 당겨 긴 통을 끌어올리는데, 통 안에 담겨 나오는 것은 놀랍게도 석유다. 말 그대로 땅을 파서 석유를 얻는 것이다. 기름 한 방울 안 나는 우리나라 사람들이 보기에는 그저 믿기지 않는 광경이다.

미얀마 짜욱퓨 해변 인근 주민들은 농사일이 한가할 때는 석유를 길어 올린다.

　그나마 이것은 큰 파이프와 특수 장비를 설치한 것이지만, 몇 년
전까지만 해도 기계나 장비 없이 일일이 손으로 작업해 석유를 파
냈다고 한다. 지금도 큰 장비 없이 간단한 파이프 시설만으로 기름
을 파내는 사람들이 꽤 있다. 이곳뿐 아니라 인근 마을들도 마찬가
지. 농민들은 농한기가 되면 부업 삼아 기름을 판다. 삼삼오오 해
안으로 몰려나와 구멍을 파고 빈 통에 석유가 차오르길 기다린다.
기름 파는 일을 30년쯤 해온 한 농민은 자신의 부모들도 기름 파
는 일을 했다고 말했다. 또 다른 농민도 "(기름 파는 일) 5년만 하면
짜욱퓨 지역에선 먹고살만 하다"라며 여유를 보였다. 단, 운 좋을
때는 많이 얻을 수 있지만 허탕 치는 날도 많기 때문에 이들에게
석유는 복권이나 다름없다. 기본적인 생계를 위해 농사를 계속 짓
되 자기가 판 구멍이 '대박'을 치기를 기다린다는 것이다.

해변에 땅을 파고 '대박'을 기다리는 농민들 못지않게 미얀마의 땅 밑과 바다 밑을 주시하는 이들이 있다. 바로 광물자원 개발을 노리는 글로벌 기업들이다.

　미얀마에는 원유 32억 배럴, 천연가스 16만 7조 입방피트가 매장되어 있는 것으로 추정된다. 2011년 미얀마가 개방되면서 전 세계가 가장 관심을 보인 것은 바로 이 풍부한 광물자원이다. '검은 황금'이라 일컬어지는 원유와 천연가스는 물론이고 니켈이나 구리 같은 광물자원, 그리고 보석의 보유량과 종류가 아시아뿐 아니라 전 세계에서 최고 수준이다. 개발이 늦은 만큼 잠재력도 크기에 미얀마를 가리켜 '아시아의 마지막 황금의 땅'이라 부른다. 2012년 외국인 투자법이 개정된 후로 미얀마의 외국 투자액은 급증하고 있다.

　땅과 바다 밑에서 잠자는 황금알을 찾기 위해 전 세계 기업들끼리의 경쟁도 날로 치열해지고 있지만, 미얀마는 이를 새로운 기회로 만들고자 한다. 실제로 미얀마는 아세안 국가들 중에서도 경제성장 속도가 빨라지고 있는 나라 중 하나다. 인플레이션을 겪었고 젊은이들의 취업률이 증가하고 있으며 도시 현대화에 가속도가 붙고 있다. 한창 건설 붐이 불고 있는 수도 양곤은 하루가 다르게 현대식 건물들이 들어서고 있으며, 외국 고급차 브랜드들도 여기저기에 지점을 내고 있다. 이 모든 것이 미얀마가 가진 자원의 힘이자 앞으로의 잠재력을 암시하는 풍경들이다.

미얀마 앞바다에 태극기를 꽂다

미얀마 짜욱퓨 인근의 망망대해. 천연가스를 끌어올리는 거대한 해상구조물이 바다 위로 위용을 드러내고 있다. 이곳은 한국 기업 대우인터내셔널의 천연가스 시추 현장이다. 다국적 엔지니어들이 모여 해상구조물에 설치된 대형 드릴을 바다에 박아 넣고 가스를 끌어올리는 고난도의 작업이 1년 365일 밤낮을 가리지 않고 진행되는 중이다.

2만 6,000톤 급의 거대한 구조물을 망망대해에 세우기까지 우여곡절이 많았다고 한다. 대우가 심해 천연가스 탐사를 시작한 것은 1997년 미얀마 정부의 권유에 의해서였다. 그러나 이 지점은 이미 1970년대에 개발에 나섰던 해외 기업들이 가스를 발견하지 못해 더 이상 아무도 관심을 갖지 않는 광구였다. 그런데 대우는 이 버려진 광구에서 가스를 발견하는 데 성공했다. 과거 외국 기업들이 수직 탐사 방식을 이용한 것과 달리 횡으로 측면을 시추하는 획기적인 방식을 도입한 것이다. 다른 파트너들이 거의 포기하고 철수하려던 찰나에 극적으로 해저 가스를 발견했고, 발견한 지 13년 만인 2014년 여름부터 천연가스를 본격적으로 생산하고 있다.

이곳에서 생산하는 천연가스는 5억 입방피트. 원유로 환산하면 하루에 약 8만 배럴에 해당되는 엄청난 양이다. 연간 수익이 3,000~4,000억 원인데 앞으로 20~25년은 더 생산할 수 있는 양이 묻혀 있다. 게다가 품질도 매우 좋은 편이다. 말레이시아, 인도네시아, 필리핀 등 아세안의 다른 국가들은 이미 지난 수십 년 동안 외국 기업들의 석유 탐사와 생산이 있었지만, 미얀마의 경우 특히 심해 광구는 이제 막 개발이 시작되었다. 미얀마의 군사정권이 끝나고 나라가 개방되면서 외국 회사들이 속속 진출하고 있는 가운데, 2014년 미얀마 정부가 입찰을 실시하자 서부 해상의 심해 광구를 탐사하여 자원을 개발하려는 외국 회사들이 대거 참여했다. 대우인터내셔널의 양수영 부사장은 "미얀마의 심해 유전과 가스전은 지금까지 거의 탐사가 되지 않았기 때문에 유망성이 매우 높다"고 말한다.

맨 처음 대우는 가스를 액화시켜 한국이나 일본으로 수출할 계획이었다. 그러나 중국이 끼어들면서 계획이 바뀌었다. 미얀마에서 중국에 이르는 장장 900킬로미터 길이의 송유관 건설을 두 나라가 합의했기 때문이다. 중국은 중동에서 수입하는 원유를 말라카 해협을 거쳐 동부 해안까지 운반해야 했는데, 거리도 멀고 만약 안보 문제 때문에 말라카 해협이 봉쇄될 경우 원유 공급로가 막힐 수 있다. 이에 중국이 미얀마와 합의해 송유관을 건설하게 된 것이다. 이 합의 후 미얀마는 중국에 '송유관 건설뿐만 아니라 대우가 개발한 가스를 중국에서 수입하는 게 어떻겠느냐?'고 제안했다. 그래서 대우가 생산한 가스를 중국에 팔기로 결정되었다. 대우 측에서는 양국 정부의 합의에 따르는 대신 가격을 협상할 수 있었다. 양수영 부사장은 '중국 입장에서 볼 때 원유뿐만 아니라 가스

를 확보할 수 있는, 국가적으로 굉장히 전략적인 프로젝트'라고 덧
붙였다.

이곳의 가스관은 미얀마 북서부의 짜욱퓨에서 시작된다. 해양
플랫폼에서 생산된 가스가 도착하면 여러 단계를 거쳐 정제한 후
중국으로 수출하는데, 짜욱퓨에서 시작된 가스 운송 파이프라인
은 바닷길을 통하지 않고 곧바로 중국 본토로 연결된다. 그 거리는
무려 3,400킬로미터. 에너지를 수송하기 위한 부가 단계가 필요
치 않은, 매우 효율적이고 안전하며 경제적인 수송 방식이다. 중국
은 중동의 원유도 파이프라인을 통해 본토로 수송하고 있다. 중국
과 미얀마 간의 천연가스 파이프라인은 2013년 7월에 정식 개통
했으며, 석유 파이프라인도 곧 개통할 예정이다.

우리나라 기업이 천연가스 발견과 생산에 성공했다는 소식에
벵골 만 바다는 자원을 개발하려는 글로벌 기업들의 최대 관심지
가 되었다. 현재 개발 중이거나 생산 중인 천연가스전만 7곳. 다양
한 국적의 기업들이 몰려들었다. 양수영 부사장은 미얀마를 '아세
안에 남아 있는 마지막 미개척지이자 자원 개발 측면에서 상당히
매력 있는 시장'이라고 하면서 앞으로의 잠재력을 높이 점쳤다.

"미얀마는 국토가 넓은 데다 인구가 많아 노동력 측면에서도 이
점이 많기 때문에 최근 중국, 일본, 서방국가들도 관심을 가지고
진출하고 있습니다. 한국의 기업들도 좀더 적극적으로 미얀마에
진출해서 시장을 개척할 필요가 있다고 봅니다."

(주)대우인터내셔널 슈웨(Shwe) 가스전

　글로벌 기업들의 진출에 의한 자원개발은 미얀마의 경제 성장을 위한 초석이 되어줄 것이다. 미얀마 가스석유공사(MOGE : Myanma Oil and Gas Enterprise)의 기획본부장 유 탄 민(U Than Min)은 전통적으로 농업 국가였던 미얀마의 경제를 살리기 위해 정부 차원에서 천연자원을 적극 개발할 계획이라고 말했다. 그의 설명에 의하면 미얀마 정부의 투자 원칙상 외국 기업들이 석유나 가스를 찾을 경우 주최국인 미얀마가 이익의 약 20%를 차지한다고 한다. 전에는 15%였던 조건이 20%로 상향되었고, 매장량에 따라 앞으로 25%로 인상될 수도 있다.

　나라를 개방한 지 얼마 안 된 미얀마는 정치와 외교뿐만 아니라 경제 정책들도 대거 바뀌고 있는 중이다. 외자 유치는 미얀마 경제 성장의 기초를 마련하는 데 가장 핵심적인 역할을 하게 될 것이다.

글로벌 기업들이 더 늦기 전에 자원을 선점하기 위해 미얀마를 주시하고 있는 이유가 여기에 있다.

칼리만탄 섬, 한국 탄광의 원원 전략

아세안에는 미얀마처럼 이제 막 자원 개발을 시작한 나라도 있지만 이미 외국기업의 자본 투자와 개발로 무섭게 성장하고 있는 나라도 여럿이다. 그중 대표적인 나라가 바로 자원 대국 인도네시아다. 세계 최대 석탄 수출국으로 꼽히는 인도네시아는 나라 전체에 53억 톤의 석탄이 매장되어 있는 것으로 알려져 있다. 4억 3,000만 톤에 이르는 인도네시아 전체 생산량의 70% 이상이 나오는 곳이 바로 칼리만탄 섬이다.

인도네시아의 탄광은 대부분 노천 탄광이다. 노천 탄광은 지하에 갱도를 깊이 뚫고 막장에서 작업하는 탄광과는 작업 방식이 다르다. 탄층과 탄층 사이에 흙이 덮여 있는데 먼저 화약으로 발파작업을 하여 그 흙을 걷어낸다. 갱도를 깊이 파내려가야 하는 탄광과 달리 조금만 파내려가도 석탄이 나온다. 그래서 개발과 생산에 드는 원가도 낮다. 칼리만탄 섬 동부에 등록된 크고 작은 2,000여 곳의 석탄 광산이 바로 이러한 노천 탄광이다.

그중에는 한국 기업이 투자한 곳도 있다. LG상사가 2009년부터 생산에 착수한 MPP 유연탄광(PT. Mega Prima Persada)은 300만

인도네시아 칼리만탄 섬의 노천광산

평 규모의 비교적 소형 광산이지만 석탄 매장량이 많아 향후 15년
간 생산할 수 있는 우량 탄광으로 꼽힌다.

　MPP광산의 석탄 출하량은 하루에만 약 1만 6,000톤. 중국을 비
롯해 아시아 전역 10여 개국에 수출하며 연간 생산량은 300만 톤
이상으로 한국 내 전체 생산량보다 많다. 수출 시 운송도 용이한
편이다. 인근에 큰 강이 있어 8,000톤 이상의 대형 바지선을 이용
할 수 있기 때문이다. 게다가 칼리만탄 지역의 석탄은 유황 성분이
적고 발열량이 우수한 '클린 콜(clean coal)'로 분류된다. LG상사의
박상은 소장은 "지역적 인프라와 우수한 탄질 때문에 광산 개발에
유리한 점이 많다"고 말한다.

　인도네시아가 광산 개발에 본격 착수한 건 1980년대. 그때는
자본이나 기술력이 부족했기 때문에 주로 외국 법인들의 투자 유

치로 개발이 이루어졌다. 그러나 2000년대 이후로는 인도네시아 자체의 자본력과 기술력이 향상되어 정부가 자국의 법인들에게 주는 광산 할당량을 늘렸다. 광산 등록이 늘자 인도네시아 전체의 생산 규모도 2억 톤에서 4억 톤으로 늘어났고, 지방 재정이 좋아지면서 지역경제가 성장했다. 그 과정에서 글로벌 회사들이 석탄을 아예 직접 생산 및 판매하려는 움직임이 많아졌고, 트레이딩 전문 회사였던 LG상사도 '광산을 직접 운영하면 생산량 확보에 유리하고 트레이딩 사업에도 시너지 효과가 발생할 것'이라는 판단하에 광산 개발에 착수하게 되었다고 한다.

LG상사에서는 탄광을 개발하되 환경이 훼손되는 면적을 최소화시키는 방법을 개발하여 주변 외국 법인 광산들 중 모범적인 회사로 꼽혔다며 자부심을 드러냈다. 석탄을 캐면 그 과정에서 폐석이 나오고 이를 처리하기 위해 주변 환경을 훼손하게 되는데, LG상사는 광산을 개발하자마자 흙을 도로 채워 땅을 복구함으로써 땅을 훼손하는 비율을 전보다 줄일 수 있었다.

이처럼 다른 나라의 우수 자원을 단순히 투자 개발하는 데 그치지 않고 현지 지역 주민들과의 협력과 공생을 추구하는 것은 오늘날 글로벌 기업들이 꾀하는 윈윈 전략 중 하나다. 탄광 개발과 더불어 현지 사람들의 생활환경이 개선되고 지역경제가 향상되는 현상이 이곳저곳에서 벌어지고 있는데, 이는 인도네시아 정부가 원하는 바이기도 하다.

LG상사에서 개발하고 있는 MPP광산

칼리만탄 섬은 인도네시아 석탄 생산량의 70%를 담당하고 있는 대표적인 노천탄광 지역으로 생산원가가 낮고 운송이 편리하다는 장점을 갖고 있다.

LG상사의 경우 개발 초기부터 지역 주민들과의 관계나 광산 개발에 따르는 보상 문제를 원활히 하기 위해 대책을 세웠다. 인근 12개 마을 주민들의 대표들로 구성된 포럼을 만들어 관계를 형성하고 상호 의사소통을 했다. 결과는 성공적이었다. 고용 창출 효과와 더불어 생활환경이 현대화되면서 주민들에게도 이익이 돌아갔기 때문이다.

사실 MPP광산이 개발되기 전까지 이 지역은 문명과는 거리가 먼 시골 오지였다. 주민들은 농업이나 어업으로 생계를 유지했는데 TV나 냉장고 같은 가전제품도 없었고 길은 포장되지 않았으며 물탱크 시설이 없어 식수 공급도 원활치 않았다. 그러나 광산 개발 이후 주민들의 생활이 달라졌다. 광산의 수익과 세금으로 마을에 도로가 생기고 전기가 들어왔으며 한국 회사 측에서 설치해준 물탱크 덕분에 깨끗한 물을 공급받게 됐다. 제작진이 만난 지역 주민들은 마을에 광산이 생기고 나서 경제적 수준이 달라졌다고 입을 모았다. 한 달에 50만~100만 루피아(4~8만 원) 정도 벌던 사람들이 광산이 들어오고 나서는 200만~250만 루피아(16~21만 원)를 벌게 되었다고 한다.

바다와 땅에 천연자원이 지천으로 깔린 아세안. 이제 아세안은 자신들 발밑의 자원을 무기로 글로벌 기업들의 투자를 받으며 자국 경제도 살리는 적극적인 전략을 취하고 있다.

천연고무의 메카 03

나무가 선사하는 하얀 보물

인도네시아 수마트라 섬의 팔렘방(Palembang). '하천이 모이는 곳'이라는 뜻을 가진 팔렘방에 유독 눈에 많이 띄는 나무들이 있다. 강인한 이파리에서 열대의 정취를 물씬 풍기는 도처의 나무들은 바로 고무나무다. 이 지역 농장마다 빽빽하게 조성된 고무나무들은 다름 아닌 천연고무 채취용이다. 천연고무를 채취하는 과정에는 상상 이상으로 정성이 많이 들어간다. 굳은 상태의 드라이 고무를 얻을 것인지, 액체 상태의 고무원액인 라텍스를 얻을 것인지에 따라 수거 방법은 조금 다르지만 나무에서 일단 천연고무를 받아내는 작업은 일일이 사람 손으로 이루어진다.

팔렘방의 한 고무나무 농장의 경우 하루 평균 500그루의 고무

천연고무를 채취하는 것은 모두 사람 손으로 이뤄진다. 수령 5년 이상된 고무나무에는 원액을 채취하기 위해 작은 통을 매달아놓았다.

나무에서 고무를 채취한다. 보통 5년 이상 된 고무나무에서 채취하는데 우선 나무껍질에 흠집을 내어 하얀색 고무 원액이 흘러나오는 부분에 작은 통을 달아 액체 상태의 천연고무를 모은다. 그 통들을 다시 수거하여 큰 박스에 넣고 응고제로 굳힌다. 이렇게 해서 굳힌 황토색 정육면체 모양의 고무 원액을 드라이 고무라고 한다. 60킬로그램 정도의 드라이 고무 한 박스를 모으는 데 걸리는 기간은 4일 정도. 굳힌 고무는 대개 1킬로그램 당 7,800루피아(약 660원)에 판다.

농장에서 채취하여 작업한 드라이 고무는 가공공장으로 옮겨 1차 가공을 한다. 공장에서는 굳힌 천연고무를 작게 쪼개 물로 세척하여 이물질부터 제거한다. 쪼갠 고무에서 낙엽이나 나뭇잎, 흙 같은 이물질을 제거하는 것도 사람이 직접 손으로 한다. 이물질이 적어야 품질 좋은 고무로 평가받을 수 있기 때문에 이 세척 작업이 매우 중요하다. 잘 세척한 고무는 육포처럼 얇게 압축하여 건조시키고, 틀에 넣고 마치 시루떡을 찌듯 쪄낸다. 이 과정에서 국제 규격인 35킬로그램으로 무게를 맞춰 분류를 한 후 다시 틀에 넣어 압축하면 1차 가공이 끝난다. 1차 가공을 마친 고무들은 다시 2차 가공공장으로 운송된다.

인도네시아는 고무농장뿐만 아니라 이러한 고무 가공공장이 많다. 천연고무를 공급받아 가공 사업을 하는 전 세계 기업들이 진출해 있다. 태국의 고무 가공 기업인 스리뜨랑(Sri trang)도 10여 년 전 인도네시아에 진출해 고무 가공 사업을 시작한 이래 투자가 증가해 많은 이윤을 창출하고 있다. 고무장갑을 비롯한 헤아릴 수 없는 생활용품, 전선 피복, 도로의 가드레일, 자동차 타이어에 이르기까지, 고무 없는 현대 문명이란 감히 상상하기도 힘들 것이다. 천연고무를 가장 많이 생산하여 세계 고무 시장을 주도하는 대표적인 두 나라는 태국과 인도네시아다. 인도네시아의 경우 전국 340만 개의 고무나무 농장에서 1년에 300만 톤 이상을 생산한다. 원래는 태국이 생산량이 더 많았지만 인도네시아의 시장 점유율이 급격히 증가하여 고무산업의 메카가 되었다.

타이어 시장의 격전지

천연고무 생산지에서 질 좋은 고무를 확보하여 이득을 얻을 수 있는 대표적인 분야는 타이어 제조 산업이다. 인도네시아는 전 세계 유수의 타이어 회사들이 몰려들어 공장을 건설하고 생산에 열을 올리고 있는 타이어 시장의 격전지다.

타이어는 천연고무에 합성고무를 섞어 만드는데, 천연고무와 합성고무를 혼합해 천처럼 재단하여 원형으로 이어붙이고 공기를 불어넣은 후 쪄내어 완성한다. 이렇게 천연고무를 섞어 만든 타이어는 합성고무로만 만든 타이어보다 내구성이나 강도 면에서 월등하다. 그래서 천연고무 확보에 유리한 지역으로 타이어업체들이 대거 진출하는 것이다.

일본의 대표적인 타이어 회사인 '브리지스톤(Bridgestone Corporation)'의 경우 전 세계 55개 공장 중 2개가 인도네시아에 있다. 1973년에 인도네시아에 진출한 후 천연고무 농장 2곳과 타이어 공장 2곳을 운영하여 인도네시아 내수용과 전 세계 수출용 타이어를 생산하고 있다.

우리나라의 타이어 기업인 '한국타이어'도 5년 전 인도네시아에 터를 잡았다. 2012년에 타이어 생산을 시작한 후 2013년 말에는 연간 600만 개의 타이어를 생산하는 공장으로 성장했으며 추가로 공장을 가동하여 생산량을 2배로 늘릴 예정이다.

인도네시아 한국타이어 공장의 김재희 상무는 인도네시아가 '글로벌 성장전략에 적합한 지역'이라고 설명한다. 타이어 공장을 인도네시아에 건설한 이유도 수출에 있어서 아시아 시장의 허브 역할을 할 것으로 파악했기 때문이다.

인도네시아는 세계적인 천연고무 생산국이라 타이어를 만드는 데 필요한 고품질 천연고무를 근거리에서 쉽게 공급받을 수 있어 물류와 운송비가 적게 든다는 장점이 있다. 또한 사람들의 손재주가 뛰어나 타이어 제조 시 사람의 손길이 필요한 공정에서 젊고 우수한 인력을 쓸 수 있다고 한다.

한국타이어는 인도네시아 내에서 7%를 판매하고 나머지 93%는 아세안 지역과 중동, 북미 지역으로 수출하고 있다. 앞으로는 인도, 호주 등까지 판매지역을 늘려갈 계획이다. 김재희 상무는 한국타이어가 투자를 유치할 당시 인도네시아 정부에서 조속한 인허가 처리와 세금 혜택 등을 적극적으로 지원해줬다고 하면서, 아세안 국가들 중 인도네시아의 시장 잠재력이 앞으로 더욱 커질 것

한국타이어 인도네시아 공장에서 타이어를 생산하고 있다. 세계적인 타이어 회사들은 인도네시아를 인도와 호주 등의 시장공략을 위한 교두보로 삼고 있다.

이라고 덧붙였다.

　막강한 천연자원 생산지로서 외국 기업들의 투자 유치를 적극 지원하고 있는 인도네시아. 어마어마한 규모의 고무나무 농장에서 아세안 신흥 대국으로의 성장 가능성을 엿볼 수 있다.

캄보디아 재벌이 키우는 나무

캄보디아의 수도 프놈펜에서 차로 3시간 떨어진 곳에 위치한 어느 농장. 여의도 면적의 57배 넘는 거대한 규모의 농장에 심어져 있는 200만 그루의 야자수는 끝이 보이지 않을 정도다. 이 나무들은 열대지방에서만 자라는 팜 야자수다.

캄보디아에서 유일한 팜 농장인 이곳은 캄보디아 제일의 농업 재벌 몽 리티(Mong Reththy) 회장이 운영하는 곳으로 농장 직원만 5,000명이 넘는다. 몽 리티 회장은 가난한 집에서 태어나 식당 종업원, 노동자, 배달원, 뚝뚝 기사, 바나나 장사 등 하층민 생활을 거쳐 자수성가한 인물로 현재 캄보디아 경제뿐만 아니라 정치권에서도 영향력이 큰 인물이다. 캄보디아 재계 서열 3위인 그가 팜 농

끝이 보이지 않는 야자수 농장. 농업재벌 몽 리티 회장이 운영하는 2만 헥타르의 농장에서 하루에 팜 열매를 100톤 정도 수확하고 있다.

장만으로 벌어들이는 한 해 수익은 33억 원에 이른다.

이곳 농장에서 딴 팜 열매는 최첨단 시설을 갖춘 2곳의 가공공장으로 이동하는데, 공장 한 군데에서만 1시간에 45톤, 하루에 900톤 이상의 열매를 가공한다. 가공해서 얻은 팜유는 캄보디아

내에서 판매할 뿐만 아니라 주변국인 태국, 인도, 그리고 유럽으로 도 수출한다.

아세안 국가들을 풍요의 땅으로 만들어주는 천연자원. 그중 땅 밑에 풍부한 것이 지하자원이라면, 땅 위에 풍부한 것으로는 팜이 있다. 팜 나무는 아세안의 대표적인 식물자원이며 팜 사업은 정부 에서 주력하는 기간산업 중 하나다.

아프리카에 서식하던 팜 나무가 아세안에 들어온 것은 1848년 네덜란드 상인에 의해서였다. 처음에는 말레이시아와 인도네시아 등지에서 관상용 식물로 키워지다 20세기 중반 이후 대규모 플랜 테이션 농장을 통해 생산이 확대되었다.

두 나라가 팜 농장을 크게 만들기 시작한 것은 팜유 때문이었다. 팜나무의 열매에서 얻는 팜유는 고대 이집트에서도 사용되던 유 서 깊은 식용 기름이다. 무게가 20~30킬로그램에 달하는 열매에 최대 46%까지 기름이 함유되어 있다. 과육 부분뿐만 아니라 씨에 도 기름이 가득하다. 식물의 씨앗에서 얻는 유지류 중 단위면적당 기름 생산량이 가장 많아서(콩기름의 경우 1헥타르 당 0.2톤을 얻을 수 있 는 반면 팜유는 1헥타르 당 4.5톤을 얻을 수 있다) '골든크롭(golden crop : 황금작물)'이라는 별명으로 불리기도 한다.

팜유는 식용유 외에도 비누, 화장품, 마가린과 쇼트닝, 과자, 라 면, 초콜릿 등 200가지 이상의 생활제품과 가공식품의 원료로 쓰 이고 있는데, 이처럼 요긴하게 쓰이던 팜유가 최근 주목받게 된 것

팜유는 각종 생활제품과 가공식품의 원료로 쓰이며, 최근에는 바이오디젤로 그 영역을 넓혔다. 팜열매 안에는 최대 46%의 팜유가 함유되어 있다.

은 친환경 바이오디젤로 그 영역을 넓혀 미래자원으로 각광받게 되었기 때문이다. 팜유 시장은 매년 10% 안팎의 고속성장을 하고 있으며 전 세계 시장 규모는 55조 원에 이른다. 그리고 팜유 세계 생산량의 90%를 책임지는 지역이 아세안이다.

인도네시아, 바이오디젤 시장을 거머쥐다

아세안 국가 중에서 팜유 생산량이 압도적으로 많은 나라는 말레이시아와 인도네시아다. 말레이시아는 1960년, 인도네시아는 1968년부터 본격적으로 대규모 농장을 키웠는데 2000년대 초반까지는 말레이시아가 전국 농장 규모 400만 헥타르로 선두를 달리다가 인도네시아가 600만 헥타르가 넘으면서 팜유 시장 점유율에 있어서 세계 1위에 오르게 되었다. 현재 시장 점유율도 인도네시아가 약 44%, 말레이시아가 40% 정도로 인도네시아가 좀더 앞선다. 인도네시아에서 1년에 생산되는 팜유는 약 2,700만 톤, 수출량은 1,370만 톤에 달한다. 이 때문에 팜유의 세계 시장 가격 변동에도 결정적인 영향을 끼친다.

연평균 강수량이 2,000mm 이상, 연중 기온이 섭씨 20도 이상인 인도네시아는 팜이 자라기 좋은 최적의 기후조건을 가지고 있다. 팜 나무는 1년 된 묘목을 심고 나서 3년만 지나면 그때부터 25년간 열매를 수확할 수 있다. 농장에서 열매를 따는 작업은 수작업으로 이루어지는데, 오전부터 수확한 열매를 수십 대의 트럭이 정제공장으로 실어 나르기 위해 분주히 움직인다. 수확 후 24시간 이내에 오일을 생산해야 산도가 높지 않은 신선한 기름이 나오기 때문에 전 과정이 시간과의 전쟁이나 다름없다.

열매는 공장에 도착하자마자 곧바로 세척과 고온 살균과정을 거친다. 그 후 원심 분리기에서 열매를 둘러쌌던 껍질과 순수 열매로 분리하는데, 분리된 찌꺼기는 농장의 퇴비로 사용하고 열매와 씨에서 기름(CPO : Crude Palm Oil. 팜 열매를 압착해 얻는 기름)을 얻는다. 이 기름은 쓰임새에 따라 액체 부분은 식용유가 되고, 고체 부분은 쇼트닝이나 마가린 등을 만드는 재료가 된다.

인도네시아 정부가 팜 재배 면적을 2020년까지 현재의 2배로 늘린다는 계획을 발표한 것은 단지 식용유 때문이 아니다. 팜유를 바이오디젤로 쓸 수 있어 가치가 높아지고 있기 때문이다.

석유와 석탄을 비롯한 지구상의 자원이 급속히 고갈되고 있는 가운데, 환경을 살리기 위한 대체에너지로 바이오디젤의 가치와 사용량이 세계적으로 증가하는 추세다. 세계 바이오디젤 시장의 60% 이상을 차지하고 있는 유럽은 경유와 바이오연료의 비율을 2020년까지 10%로 올릴 계획을 추진 중이며, 인도네시아 역시 바이오연료의 혼합 비율을 높일 계획이다. 이미 인도네시아 도심 곳곳에서는 경유에 바이오연료를 혼합해 주유하는 바이오디젤 주유소를 흔히 볼 수 있다.

인도네시아 회사 '시마르 나스'의 팜유 정제공장에서는 생산량의 40% 정도를 아세안 국가들과 중국, 아프리카 등에 수출한다. 이 공장 관리 담당자 브라이언 마빈은 "팜유를 식용으로만 쓴다면 가격도 곧 붕괴하겠지만, 이제 팜유의 용도는 더 이상 식용만이 아니다"라며 바이오디젤 원료로서의 가치를 강조했다. 바이오디젤 분야 자체가 정부가 제어하는 산업이기에 정부 정책이 무엇보다

경유에 바이오연료를 혼합해 주유하고 있는 바이오디젤 주유소

도 중요한데, 현재 인도네시아에서는 B10정책(경유 속 바이오연료의 혼합률 10%)을 취하고 있지만 앞으로는 B15, B20으로 경유 속 바이오디젤의 양을 늘려갈 예정이라는 것이다.

이러한 흐름 속에 전 세계 바이오디젤 사용량은 2005년에 비해 2019년에 8배 이상 증가할 전망이다. 팜유의 몸값이 계속 올라가는 이유가 여기에 있다. 이에 전 세계의 기업들이 미래의 대체에너지인 팜을 확보하기 위해 팜 농장 사업에 뛰어들고 있다.

한국 기업이 팜 사업에 뛰어든 이유

인도네시아의 한 팜 농장. 여의도 면적의 70배 정도 되는 2만 헥타르 규모의 이 농장은 우리나라 기업인 LG상사가 5년 전 진출해 직접 운영하고 있는 곳이다. 65명의 직원이 하루에 100톤 넘는 열매를 수확하느라 아침부터 저녁까지 분주하게 움직인다. 한 사람당 하루에 1.5톤씩 수확하는 셈이다.

전 세계 기업체들이 팜 사업에 너도 나도 투자하면서, 이제는 신규 개발지를 찾기 힘들 정도로 인도네시아 전역에 팜 농장이 분포해 있다. 경쟁이 치열한 만큼 농장으로 쓸 수 있는 땅은 급속히 줄고 있다. 게다가 팜은 25년 주기를 갖기 때문에 지금부터 20여 년 후에는 팜 사업을 할 수 있는 땅 자체를 찾기가 힘들 것이라는 의견이 지배적이다.

지난 2010년에 인도네시아에 진출한 LG상사의 경우 토지를 확보해 개발하는 방식이 아닌 기존 업체를 인수하는 방법으로 사업을 시작했다. 후발주자로 팜 농장 사업에 뛰어드는 회사들의 경우, 평지는 땅값이 이미 너무 올랐기 때문에 경사지를 계단식으로 개간해 농장을 만든다고 한다. LG는 원자재 확보를 위해 농장 사업부터 착수한 후, 2012년도부터는 공장 시험가동을 시작으로 팜유도 직접 생산하고 있다.

LG 팜 농장의 강의웅 법인장은 전 세계적으로 수요가 늘고 있는 팜유를 '미래의 유망사업'이라고 말했다. 인도네시아 정부도 향후 유가 변동에 대비하기 위해 팜 사업을 확장하는 입장이라 외국 자본 투자에 대해서도 까다롭지 않다고 한다.

"인도네시아 정부는 팜 사업을 확장하는 데 굉장히 적극적입니다. 외국 자본이 들어오는 것에 대해 그렇게 간섭하는 것은 없고요. 외국인 지분은 95프로까지 인정하고 있습니다."

그러다 보니 외국 기업들이 그야말로 물밀 듯이 들어와 팜 사업 유치에 나서고 있는 형편이다. 강의웅 법인장의 설명에 의하면 이제까지 대부분의 현지 회사들은 큰 부지를 확보해 팜 농장을 운영했다. 원래 팜유 생산 1위 국가는 말레이시아였으나, 말레이시아에 더 이상 농장을 조성할 땅이 없어지자 인도네시아로 넘어오기 시작했다. 사업성이 좋다 보니 말레이시아뿐만 아니라 파키스탄, 방글라데시 같은 인근 국가들, 그리고 유럽의 영국, 벨기에까지 진출했다고 한다.

"특히 요즘은 겁나는 게, 중국 본토에서 어마어마하게 들어오고 있습니다."

이런 이유로 인도네시아는 팜 농장의 불꽃 튀는 접전지가 됐다. 인도네시아 정부도 외국 기업들을 유치하여 팜 사업을 활성화시키는 데 적극적이다. 농장이 생기면 도로도 생기고 전기가 연결되는 등 지역 환경 및 경제가 발전되고 고용이 증대되기 때문이다. 칼리만탄 섬의 탄광지대 주민들의 경우처럼, LG의 팜유 공장에서 일하는 현지인 직원은 이 지역 사람들의 삶에 큰 변화가 생겼다고 이야기했다.

"예전에는 아프면 15킬로미터나 떨어진 약국까지 가서 약을 사야 했어요. 하지만 이제는 가까운 곳에 약국도 생기고 회사 측에서 직원들을 위해 의무실도 만들어주었습니다. 또한 협동조합을 만들어주어 물건을 싸게 살 수 있어요. 학교도 생겼습니다. 전에는 학교에 가려면 숲을 지나 한참 가야 했거든요."

예전에는 마을에 딱 한 대 있던 텔레비전을 이제는 집집마다 갖게 됐고, 도로가 뚫렸으며, 식당, 핸드폰 가게, 자동차 정비소, 은행 지점도 생겼다고 한다. 마을 경제가 발전하고 있음을 누구나 실감한다는 것이다.

강의웅 법인장은 인도네시아를 '개발의 여지가 많은 기회의 땅'이라고 하며 다음과 같은 이야기를 들려주었다.

"인도네시아 사람들은 이런 말을 합니다. '신은 모든 걸 다 주셨다. 그런데 하나 더 주신 게 게으름이다'라고요."

환경이 너무나도 풍요로워 게으르게 살아도 되었다는 인도네시아. 그러나 이제는 그 말도 의미가 달라지고 있는 듯하다. 아직 개발이 덜 되었을 뿐, 산업 분야, 해양자원, 관광자원까지 지상의 모든 자원을 다 가진 나라로서 자신들의 자원을 제대로 활용하기 시작했기 때문이다.

황금이 열리는 나무, 티크

거대한 나무들이 하늘을 찌를 듯이 뻗어 있는 미얀마의 어느 울창한 숲속. 코끼리들이 느린 발걸음으로 기다란 목재를 운반하는 광경이 이국적으로 보이는 곳이다. 코끼리를 능숙하게 다루는 앳된 청년은 "이곳에선 차보다 코끼리가 훨씬 낫다"고 말한다.

"코끼리는 숲에서 아주 쓸모가 많은 동물이지요. 미얀마에서는 산악지역의 운송수단으로 코끼리를 이용해 왔어요. 진흙탕 길에서는 차보다 코끼리가 더 유용해요."

청년이 코끼리를 지휘해 나르는 나무는 '티크'다. 미얀마의 자존심이라 불리는 티크는 무늬가 아름답고 변형과 부식이 적으며 향이 뛰어나 목재의 왕이라 일컬어진다. 물성이 좋고 견고하여 가구

자연림에서 생산된 티크나무는 코끼리가 운반한다.

제작에 적합하며, 특유의 향 때문에 벌레도 잘 먹지 않는다. 황금이나 다름없는 귀한 취급을 받는 보물 같은 나무라 예로부터 미얀마에서는 왕실 소유로 여겨 궁전이나 사원을 짓는 데 쓰였다. 평민들은 장신구조차도 티크 소재로는 만들 수 없었다. 그러다 영국이 미얀마를 식민통치하면서 수백만 톤의 티크를 유럽으로 가져갔고, 최고급 원목가구의 재료로서 지금도 비싼 값에 거래되고 있다.

미얀마는 국토 면적의 40% 정도가 산림일 정도로 산림자원이 풍부한 나라다. 티크나무는 산림 면적의 25% 정도에서 자라는데, 아시아 티크 생산량의 20~30%를 미얀마 티크가 차지한다. 티크 때문에 식민통치를 받았다는 말이 있을 정도로 미얀마 티크는 세계적으로 유명하다. 아세안의 여러 국가에서 티크가 생산되지만,

미얀마의 티크나무는 다른 나라와 달리 자연림에서 키워진다. 이 때문에 미얀마의 자존심으로 불린다.

대개 인공림으로 조성된 다른 나라와 달리 미얀마의 티크는 자연림에서 키워진다. 자연림에서 자란 티크는 인공림에서 자란 것보다 품질이 더욱 좋아 고가에 거래된다. 벌목한 나무를 코끼리가 운반하는 것도 자연림에는 포장된 도로가 없기 때문이다. 자연림이기는 하지만 서식 비율이 워낙 높기 때문에 굳이 인공림을 조성하지 않더라도 목재 생산이 가능하다.

오늘날 티크는 미얀마의 주요 국가재산으로 철저하게 관리되고 있다. 과거 식민통치 시절처럼 외세에 의해 무분별하게 벌목되고 빼앗기는 일은 더 이상 일어나지 않는다. 한때 연간 40~50만 톤을 생산해 32~37만 톤을 수출한 적도 있으나 현재는 수출금지법(L.E.B. : Law Export Ban)을 제정해 연간 수출량 6만 톤으로 공급을 조절하고 있다.

　수출 물량을 조절하면서 세계 티크 가격도 상승했다. 미얀마 내에서의 연간 판매량은 17만 톤 정도로, 주로 자국의 목재 가공업체에 판매한다. 옛날에는 궁궐에서나 쓰던 황금 나무 티크를 오늘날 미얀마 국민들은 부유층, 서민층 가리지 않고 집의 바닥재나 내장재로 많이들 사용하고 있다. 정부에서 적당한 시장가격으로 내수공급을 하고 있기 때문이다.

　미얀마 산림청 산하의 국영기업인 MTE(Myanmar Timber Enterprise)는 1948년 미얀마 독립 이후 지금까지 티크를 비롯한 자국 생산 목재를 국유화하여 목재의 벌목, 생산, 판매, 유통을 전반적으로 관리 감독하고 있다. 미얀마 전역의 티크에는 고유번호를 부여하며, 벌목은 국가에서 허가받은 나무에 한해 할 수 있다. 불법 벌목은 법으로 강력하게 규제하고 있다. 만약 일정 규격 이상의 나무를 몰래 벌목한 경우 7년 이하의 징역 혹은 벌금이 부과되는데 이는 1995년도에 제정된 법에 따른 것으로서, 조만간 제정될 새로운 법에서는 처벌 수위를 지금보다 높일 계획이라고 한다.

　미얀마 산림청에서 관리하는 한 휴양림에는 티크가 188그루가 있는데 그중에는 100년이 넘은 나무도 있다. 이곳의 나무들 역시 고유번호를 부여해 매년 크기와 상태를 측정한다. 벌목 가능한 크기가 되었더라도 공공목적으로 보호하는 경우도 있고, 품질이 좋지 않은 나무는 일찍 베는 등 한 그루 한 그루 일일이 점검한다.

그렇다면 벌목과 판매는 어떻게 진행될까? 티크는 심은 지 80년 이상은 되어야 벌목을 할 수 있는데, 벌목을 결정하는 기준은 둘레길이(G.B.H : Girth at Breast Height)다. 현재의 기준은 6피트 6인치 이상이다. 엄격한 기준에 따라 벌목한 나무를 항구까지 운반하는 길도 결코 간단하지 않다. 벌목을 할 때는 산림청과의 협의 하에 허가를 받고, 나무 수량을 일일이 파악하여 번호를 매기고, 고유번호와 관리번호에 따라 원목 하나하나를 정확히 따지고 기록으로 남기며, 규격에 따라 세금을 매기고 승인 도장을 찍는 등 까다로운 절차를 밟아야 한다. 도장이 찍히지 않은 원목은 불법으로 벌목된 티크라 할 수 있다. 품질에 따라 등급별로 분류한 원목은 다시 내수용과 수출용으로 구분한다. 해외 수출은 경매 방식으로 이루어진다. 이 때문에 외국의 바이어들은 경매를 통해 낙찰을 받아야만 원목을 구매할 수 있다. 또한 공개입찰 방식이기 때문에 예전보다 높은 가격에 판매되고 있다.

이처럼 티크의 생산부터 판매까지 전 과정을 국가가 관리하는 것은 점점 줄어드는 자연자원을 보호하고 외국 자본에 의한 지나친 개발을 막기 위해서다. 미얀마 정부는 티크나무뿐만 아니라 다른 자원에 대해서도 적극 개입하여 관리하고 있다. 공공협력원장 이창민 교수는 '미얀마 국민이 51% 이상의 자본을 갖게 함으로써 자국의 자원을 보호하는 민족 자원주의 정책을 채택하고 있는 것'이라고 설명했다.

풍부한 자원을 경제 발전의 교두보로 삼아 도약하려는 아세안 국가들의 꿈은 이러한 정책들과 더불어 점점 더 현실이 되고 있다.

원목이 아닌 가구를 수출한다

미얀마 못지않게 티크에 대해 자부심을 갖고 있는 또 하나의 나라는 인도네시아다. 인도네시아 자바 섬은 티크나무가 빼곡히 들어선 세계적인 티크 원목 생산지. 열대우림 속에 풍부한 산림자원을 갖고 있는 인도네시아는 원목 생산량 세계 6위(2012년 기준, 출처 : FAO(임산물생산통계연감))의 나라다. 특히 자바 섬의 티크나무는 '자티'라 하여 품질이 우수한 것으로 유명하다. 자티의 경우 60년 이상된 나무만 벌목을 하는 등 미얀마와 마찬가지로 엄격하게 관

가공 전 단계의 목재들이 끝없이 펼쳐져 있다. 벌목부터 가공까지 주 정부가 관리한다.

쇼핑몰 1층에 열린 팝업스토어 형식의 현지 가구 브랜드의 쇼케이스

리하고 있다.

인도네시아는 원목에 대한 자부심에만 만족하지 않았다. 원목만 수출했던 것과 달리 최근에는 자티로 가구를 만드는 가구공장이 속속 들어서고 있다. 자바 섬 주 정부가 완제품인 가구를 만들기 위해 세운 페루타니 공장이 그 대표적 예다. 페루타니 공장의 직원은 2만 3,000여 명. 대부분 자바 섬 주민들이다. 농사를 짓고 살던 사람들에게 월급이 꼬박꼬박 나오는 새로운 일자리가 대거 생긴 것이다.

이렇게 많은 일자리가 생긴 것은 불과 10여 년 전이다. 지난 2001년, 인도네시아 정부는 원목 수출을 금지하고 가구 등 가공 제품만 수출할 수 있도록 하는 원목 수출 금지 정책(목재 적법성 보증 시스템 : TLAS, Timber Legality Assurance System)을 만들었다. 정책

인도네시아 목재 및 가구 수출액 증가

수출 상품	2010	2011	2012	2013	2014	2014 (1/4분기)	2015 (1/4분기)
나무, 목재 (Wooden)	908.7	650.1	746.1	780.2	824.7	201.3	211.9
가구 (Furniture)	900	600	700	700	800	200	200
목재 가구 (Neso)	870	5,010	4,610	8,020	2,470	130	1,190

＊단위 : 백만 달러

＊인도네시아 산 가구가 수출된 상위 5개국은 중국, 일본, 한국, 미국, 호주이며, 전체의 75%가 아시아 지역으로 수출된다.

＊출처 : BPS, Processed by Trade Data and Information Center, Ministry of Trade

을 만든 이유는 자명하다. 원목을 수출하는 것보다 완제품을 만들어 수출하는 것이 경제성장에 훨씬 더 도움이 되기 때문이다.

이 정책을 실시한 후 실제로 많은 변화가 생겼다. 자바 섬 주민들의 손에 의해 자티로 만들어진 정교하고 우수한 가구를 찾는 수요가 점점 늘면서 가구 수출액이 최근 3년 동안 약 30%나 성장했다. 인도네시아 산 가구는 주로 한국, 중국, 일본 등 아시아 지역과 미국, 호주로 수출되는데, 2012년 1월에서 10월까지의 목제품 수출 이익이 42억 달러에 달하고, 이듬해인 2013년에는 전해보다 더욱 늘어 동일 기간 내에 47억 달러를 벌어들였다(출처 : 포르닥).

목제품의 내수시장 점유율도 높아졌고, 주민들에게는 안정적인 일자리가 생겨 고용률이 증가했다. 원목 수출국에서 가구 수출국으로 성공적인 발돋움을 한 것이다.

더 이상 자원 수출국이 아니다

자원이 풍부한 인도네시아는 넓은 국토의 풍부한 자원을 적극 보호함과 동시에 국가 경제도 성장시키기 위해 여러 대책들을 세웠다. 대책의 골자는 자원 수출을 제어하는 대신 자국의 자원을 국민들이 직접 가공케 하여 가공물 수출을 늘리자는 것이다.

이는 목재만이 아니라 광물에도 해당된다. 티크뿐만 아니라 광물에 대해서도 2014년 1월부터 원광물(비가공 광석) 수출 금지 정책을 펴기 시작했다.

광산업은 인도네시아 GDP에 크게 기여하는 분야다. 석탄은 연간 4억 5,000만 톤을 생산해 그중 3억 톤 정도를 아시아와 유럽에 수출하고 있으며, 니켈은 금지 정책 전인 2014년 초까지 세계 니켈 시장의 20%를 차지할 정도로 대표적인 생산국이었다. 그러나 금지정책으로 인해 니켈을 비롯해 구리, 보크사이트, 금, 알루미늄, 철광석, 사철, 망간 등의 광물자원을 채굴 후 바로 수출하는 것이 아니라 가공한 후 수출하게 되었다.

광물을 가공해서 수출하기 위해 필요한 것은 제련소다. 제련소 건설을 늘이기 위해서는 충분한 투자가 필요하기 때문에 외국 기업들에게 투자 기회를 열어주게 되며, 그 과정에서 전문 인력 확보와 함께 취업률이 높아지고 내수시장이 활성화된다. 이 모든 것이 인도네시아의 경제 발전으로 이어진다. 인도네시아 외무부 차관 압두라만 모하맛 파히르는 '인도네시아가 보유한 엄청난 양의 천연자원과 거대 시장은 아주 좋은 조합'이라며, '우리가 가진 자원을 현명하게 사용하여 혜택을 얻고자 한다'고 말한다.

인도네시아의 대표적인 광물지원으로 꼽히는 니켈은 주방용품, 배터리, 항공기에 쓰이는 스테인리스 스틸의 원료로서 현대인의 삶과 밀접하게 닿아 있는 광물이다. 광산에서 채굴되는 1차 니켈의 2/3가 스테인리스 스틸을 만드는 데 쓰인다.

인도네시아 최대의 니켈 제련 기업인 베일(Vale)의 CFO 페브리아니(Febriany)는 정부의 새로운 정책이 '장기적으로 지속가능한 경제 성장을 위한 것'이라고 설명했다. 이 회사의 경우 일찍이 정부와의 계약에 의해 원광석 수출을 하지 않고 니켈을 1차 제련한 다음 수출해왔다. 수출하기 전 각 제품은 얼마나 가공했는지를 퍼센티지로 표시해야 하는데, 예를 들어 니켈 매트의 경우 최소 수치가 70%라고 한다. 이 회사에서는 최고 78%까지 가공하고 있기 때문에 제품을 수출할 수 있다는 것이다.

그가 설명한 것처럼 '더 많이 가공할수록 자국에서 더 많은 부가가치를 창출'한다는 것이 인도네시아 정부의 자원 보호 정책의 핵심이다. 자원을 보유한 입장에서 책임감 있는 채굴 관행을 만들어야 장기적으로 '지속 가능'한 경제성장을 도모할 수 있기 때문이다. 인도네시아는 국가의 환경과 미래에 대한 책임의식을 갖고 자국이 보유한 막강한 자원을 지켜내려 하고 있다.

실제로 이러한 금지 조치 이후 인도네시아의 협상력은 높아졌다. 주요 생산국이 생산량을 줄일 경우 세계 시장에 영향을 끼칠 수밖에 없다. 결국 가격은 오르고 시장성은 높아졌다. 광물자원부 국장 시암수 달리엔드(Syamsu Daliend)는 이 금지정책이 '정확히 말하면 수출을 금지하는 것이 아니라 생산을 통제하는 것'이라고 설명한다. 그래야 광물 수출을 경제 성장으로 연결시킬 수 있다는 것이다. 그의 다음과 같은 발언은 지금 아세안 국가들이 자신들의 자연자원에 대해 어떤 생각을 갖고 있는지를 잘 보여준다.

"천연자원은 신에게 받은 은혜입니다. 한번 사용하면 고갈되어버리죠. 그렇기 때문에 현재 우리에게 남은 것들을 보존해야 할 의무가 있습니다. 아시아와 세계 시장에 대한 인도네시아의 역할은 특히 광물자원 분야에서 매우 큽니다."

광물을 가공하는 과정에서 얻어지는 고용 증대와 가공물 수출을 통한 수익성 향상은 인도네시아 국내 경기 활성화에 큰 도움이 될 것이다. 또한 자원을 많이 가진 나라가 어떤 정책을 취해야 하는지에 대한 의미 있는 선례를 남길 것이다. 이미 인도네시아는 세계 자원 시장에서 가장 중요한 역할을 하는 국가 중 하나로 부흥하고 있다.

2,000만 관광대국을 꿈꾸다 06

탄중푸틴 국립공원에만 있는 것

자연자원의 보고인 인도네시아에는 상상을 뛰어넘는 미래자원들이 많다. 그중 멸종 위기에 처한 야생동물들의 지상낙원인 칼리만탄 섬은 전체의 80%가 숲으로 덮여 있어, 남아메리카의 아마존과 함께 '지구의 허파'라 불리는 곳이다.

이 섬에는 여느 동물원과는 비교할 수 없는 특별한 체험을 제공하는 생태관광지가 있다. 1984년에 국가가 지정한 생태관광 보호구역이자 멸종 위기종인 오랑우탄의 세계 최대 서식지, 탄중푸틴 국립공원이다. 이곳은 6,000여 마리의 오랑우탄이 자연 서식을 하여 '전 세계 오랑우탄의 수도'라 불린다. 연간 1만 명 넘는 관광객들이 이 오랑우탄들을 만나기 위해 모험을 감행한다.

클로톡이라는 작은 배를 타고 강을 따라 깊은 숲으로 들어가면 국립공원에 도착하는데, 오랑우탄을 만나기 위해서는 배를 타고 입구까지 간 뒤 다시 걸어서 깊은 숲으로 들어가야 한다. 열대의 숲은 마치 쥐라기 공원처럼 모험심을 자극한다. 이곳 생태관광의 가장 큰 매력은 아무것도 예측할 수 없다는 것이다. 사람이 오랑우탄을 통제하지 않기 때문에 운이 나쁘면 오랑우탄의 그림자도 보지 못하고 돌아갈 수도 있지만 운이 좋으면 야생의 오랑우탄 가족을 코앞에서 만날 수 있다. 관광객이 오랑우탄을 관찰할 수 있는 먹이 공급소에서는 정해진 시간에 오랑우탄의 생활 패턴을 방해하지 않는 범위에서만 먹이를 공급한다. 야생성이 살아 있어 숲에서 스스로 먹이를 찾으므로 추가적인 먹이 공급은 별로 필요치 않다고 한다.

탄중푸틴 국립공원에선 멸종위기 동물인 오랑우탄을 만날 수 있다.

제작진은 촬영 당시 운 좋게도 오랑우탄 일가족을 만날 수 있었다. 위계질서가 엄격한 오랑우탄 가족 중 가장 우두머리인 수컷이 먼저 먹이를 먹으러 접근하는 장면, 우두머리가 먹이를 먹는 동안 다른 개체들이 접근하지 못하고 기다리는 장면들을 카메라에 담았다. 예상치 못한 돌발 상황이 관광객 눈앞에서 벌어지기도 했다. 암컷 한 마리가 먹이를 먹지 못한 분풀이로 나뭇가지를 부러뜨리며 사람들을 향해 집어던진 것. 관광객들은 야생에서 벌어지는 생생한 광경에 감탄을 금치 못했다. 아시아, 인도, 캐나다 등 세계 여러 나라에서 온 관광객들은 '너무나 멋지다. 리얼한 자연환경, 생태를 볼 수 있는 엄청난 기회', '다른 관광지에서는 할 수 없었던 특별한 경험'이라며 흥분을 감추지 못했다.

탄중푸틴 국립공원이 이처럼 특별한 생태관광지로 각광받게 된 것은 그리 오래된 일은 아니다. 관광 사업이 시작된 1980년대만 해도 관광객보다는 과학자들만 가끔 찾는 정도였지만 2000년대부터 관광객이 급증하기 시작, 지금은 1년에 1만 명 넘는 사람들이 이곳을 찾는다고 한다. 관광 에이전트 사업도 급성장, 이 지역에서 자생적으로 세워진 에이전트 회사들이 관광산업을 거의 주도하게 되었다.

이곳에서 관광 가이드로 일하고 있는 요미는 관광객이 급증하면서 지역 주민들의 삶도 많이 달라졌다고 말했다. 탄중푸틴 국립공원 가까이에 있는 마을 주민들의 대부분이 외지에 나가 일을 하

2001년부터 지역 관광 에이전트가 생겨났다. 가이드 요미는 현재 관광가이드의 80% 정도를 자신과 같은 지역 가이드들이 담당하고 있으며 생활에 많은 변화를 가져왔다고 말한다.

는데, 그중에는 팜 농장에서 일하는 사람들도 있지만 상당수가 국립공원과 관련된 직업을 갖는다고 한다. 불법으로 벌목을 하거나 사냥을 해서 연명하던 주민들에게 새로운 일자리가 생긴 것이다. 요미처럼 관광 가이드가 되기도 하고, 어미 잃은 어린 오랑우탄을 돌보고 야생훈련을 시켜 돌려보내는 일을 하기도 하며, 오랑우탄 서식지로 관광객을 이동시키기 위해 보트를 몰기도 한다. 60~70개 정도의 보트 한 대당 4명이 일하는데 모두 지역주민들이다. 보트를 몰면서 경험을 쌓고 영어를 배워 가이드가 되는 젊은이들도 꽤 있다.

가이드라는 새로운 직업을 갖기 전에 그는 고등학교 교사였다. 그러나 교사 수입이 경제적으로 충분치 않아 다른 직업을 찾던 중

국립공원 가이드에 지원하게 되었다. 관광 비수기에는 물고기를 잡아 시장에 내다 파는 부업을 하지만 성수기에는 매일 새로운 경험을 하며 다양한 외국 방문객들을 만날 수 있어 직업에 대한 자부심이 크다고 한다.

"예전에 고향 마을의 숲이 채굴산업 때문에 망가지는 것을 봤어요. 숲은 매년 줄어들고 있어요. 채굴, 팜 농장 등 여러 가지 이유가 있겠죠. 하지만 미래에는 숲이 매우 중요합니다. 사람은 숲을 필요로 하고, 숲은 오랑우탄을 필요로 합니다."

우리에겐 1만 개의 발리가 있다

요미는 인도네시아가 가진 자연자원을 잘 지킬수록 국가의 성장에도 큰 역할을 할 것이라고 이야기했다. 그러면서 새 대통령이 나라의 미래를 위해 최선을 다할 것임을 믿는다고도 덧붙였다.

그렇다면 인도네시아는 관광자원에 대해 어떤 정책을 취하고 있을까? 가이드로 일하는 요미에게 '대통령에 대한 믿음'을 불러일으킨 것은 무엇일까?

인도네시아 GDP에서 관광산업이 차지하는 비중은 4.1% 정도다. 광산업보다는 비중이 낮지만 계속 상승하고 있다. 인도네시아를 찾는 해외 관광객 수는 2009년 이전에는 1년에 약 500만 명 정도였다. 그런데 2009년에 600만 명을 넘어서기 시작, 2014년도에는 940만 명이 방문했고 2015년에는 1,200만 명에 이를 전망이다.

인도네시아 관광청의 국제관광 홍보부장 니아 니스카야(Nia Niscaya)의 설명에 의하면 조코 위도도 대통령의 임기가 끝나는 2019년까지 연간 관광객 2,000만 명을 유치하여 세계 경제 포럼의 경쟁력지수 30위권 이내에 진입하는 것이 목표라고 한다.

인도네시아가 이처럼 관광산업을 집중 육성하게 된 데에는 정부의 역할이 크다. 관광업무가 경제, 문화, 예술 등 여러 부처에서 산발적으로 진행되던 예전과 달리, 2014년도에 당선된 조코 위도도 신임 대통령은 아립 야야 장관을 오직 관광부만을 위한 단독 장관직으로 임명했다. 통신사 CEO 출신인 신임 관광부 장관은 2년 내 수입 2배 성장을 목표로 세우고 인도네시아의 관광 브랜드 홍보를 위한 추가 예산을 확보했다. 인도네시아 관광청의 니아의 표현에 의하면 "새 장관, 새 대통령, 새 포트폴리오 덕분에 새로운 목표를 달성할 수 있으리라는 희망이 생겼다"고 한다. 새로운 마케팅 전략을 세워 싱가포르를 비롯해 말레이시아, 한국, 중국, 일본, 호주, 미국, 유럽, 중동 등 전 세계 16개 시장을 공략하고 있으며, 한국을 포함해 45개국을 대상으로 자유 비자 발급도 추진했다.

인도네시아는 한국인들에게도 휴양 관광지로 잘 알려져 있다. 그러나 아직 알려지지 않은 미지의 관광자원이 더 많다고 니아는 강조했다. 대표적인 관광지 발리도 인도네시아의 1만 3,446개의 섬들 가운데 하나일 뿐이라는 것이다. 탄중푸틴 같은 국립공원만해도 인도네시아 전역에 41곳이나 된다. 롬복, 수라바야, 브로모, 자파 등 발리보다 덜 알려진 다른 지역들도 적극 홍보해 더 많은 관광객을 유치할 예정이라고 한다.

인간의 손길이 닿지 않은 다채로운 자연자원을 보유한 인도네시아는 지금까지와는 차원이 전혀 다른 미래의 관광대국을 꿈꾸고 있다.

PART 3

세계의 공장

젊은 대륙 아세안, 세계 경제를 이끈다

세계 공장 지형의 판도가 달라지고 있다. 아시아의 디트로이트를 꿈꾸는 태국 라용 산업단지에서부터 세계적인 IT 생산기지를 꿈꾸는 베트남까지, 다국적 기업들과 공장들이 중국을 떠나 아세안으로 몰려들고 있기 때문이다. 이제 아세안은 세계 공장의 중심으로, 그리고 더 이상 제조업 하청기지가 아닌 진정한 생산의 메카로 거듭나고 있다. 싱가포르, 말레이시아, 인도네시아가 연합한 '시조리 삼각지대'는 동서양의 물류가 모여들며 국경 없는 거대한 경제 네트워크가 형성된 곳이다. 국경을 넘어 출근하는 오토바이와 통근버스 행렬로 장관을 이루는 시조리의 아침 풍경은 경제공동체로서의 아세안의 내일을 상징한다. 또한 18억 무슬림을 대상으로 한 할랄 산업은 아세안의 새로운 미래 경쟁력으로 대두되고 있다. 다양한 종교와 민족이 공존하는 문명의 교차로이자, 거대한 생산기지, 그리고 새로운 산업벨트. 세계 경제의 사각지대였던 아세안이 네트워크를 통해 신(新)산업의 중심지가 되고 있는 역동적인 현장을 들여다본다. .

자동차산업의 메카로 떠오르다

말레이시아 국민차 '프로톤'

2014년도 1인당 국민소득이 1만 달러를 넘어서며 싱가포르, 브루나이에 이어 아세안 3위를 기록한 말레이시아. 오늘의 말레이시아가 있기까지 가장 큰 역할을 한 것 중 하나는 자동차산업이다.

자동차는 중상류층 진입의 관문과 같은 상징이며, 중산층의 가장 기본적인 욕망이 시작되는 지점이기도 하다. 동남아시아에서 팔리는 차 10대 중 8대는 일본 등 외국산이라고 알려져 있지만 말레이시아는 상황이 조금 다르다. 말레이시아 도로를 점령하고 있는 것은 자국 브랜드의 자동차들이기 때문이다.

이것을 직접적으로 확인할 수 있는 곳 중 하나가 자동차 매장이다. 말레이시아의 한 자동차 매장에서 만난 식스토 로메로는 10년

쿠알라룸푸르 도심에 위치한 프로톤 매장

간 타던 세단 대신 SUV 차량을 새로 구입할 예정이라고 했다. 아이들이 태어나며 식구가 늘어 큰 차로 바꿀 때가 되었다는 것이다.

"차를 바꾸려는 이유는 이 차가 훨씬 넓어서입니다. 원래 썼던 세단은 성인 4~5명만 타면 벌써 자리가 꽉 차버리는데 이 SUV는 7~8명은 거뜬하거든요. 그래서 가족들이 타기에 문제가 없어서 좋아요. 휴일에 말레이시아는 여기저기 다닐 곳이 많잖아요. 이젠 이 차로 충분해요."

매장에서 신차를 꼼꼼히 둘러보는 사람들은 말레이시아의 지극히 평범한 중산층들이었다. 스물한 살짜리 대학생인 동생에게 선물하기 위해 차를 사러 왔다는 사람, 아이가 태어났을 때 샀던 차를 최신 모델로 바꾸고 싶어서 왔다는 젊은 가정주부 등, 차를 사는 이유와 사정은 다양했지만 그들이 하나같이 하는 말이 있었다.

"보통 한 집에 한 대씩은 가지고 있어요."

말레이시아 중산층의 집집마다 적어도 한 대씩은 몰고 다닌다는 자동차는 그들의 '국민차'로 불리는 '프로톤(Proton)'이다. 프로톤은 1983년 당시 총리였던 마하티르 모하맛(Mahathir bin Mohamad)이 자국 산업 보호정책을 위해 독점 형태의 국영기업으로 설립한 회사다. 마하티르 전 총리는 국민들에게 프로톤이라는 브랜드를 인식시키는 데 주력했을 뿐만 아니라 세계로 수출할 수 있도록 품질을 높이기 위해 노력했다. 1985년 미쓰비시와 기술 제휴하여 생산한 첫 번째 모델인 프로톤 사가(Saga)를 싱가포르에 수출하고, 1987년에는 방글라데시, 브루나이, 스리랑카, 몰타, 뉴질랜드, 그리고 영국에도 수출을 하게 되면서 프로톤은 서서히 말레이시아의 '국민차'로 자리매김했다. 1988년 영국 국제 모터쇼에 참가한 프로톤은 이후 기술 향상을 위해 영국 스포츠카 회사인 로터스를 인수해 선진 자동차 기술을 확보하기에 이르렀다.

말레이시아 자동차시장에서 프로톤의 점유율은 2002년도에 최고치(21만 4,373대 판매)를 기록했다. 이후 새로운 브랜드 페로두아(Perodua)가 등장해 1위 자리를 빼앗았는데, 페로두아 역시 말레이시아 국영 자동차업체다. 페로두아가 프로톤의 자리를 넘볼 수 있었던 것은 보다 더 저가시장을 공략했기 때문이다. 프로톤은 페로두아의 등장으로 1위 자리를 놓치기는 했지만 2008년부터 다시 회복세로 올라섰다. 2014년도 말레이시아의 자동차시장은

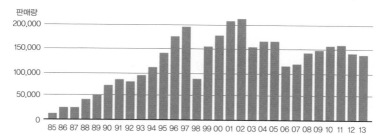

프로톤의 말레이시아 시장 점유율(1985~2013)

판매량

*2002년에 21만 4,373대를 판매하며 최고치를 기록했다. 이후 '페로두아'의 등장으로 점점 생산 량이 떨어지다가 2008년부터 회복했으며, 2012년에 14만 1,121대를 판매하여 22.5%의 점유율 을 기록했다.

페로두아(33.1%), 프로톤(20.1%) 등 자국 브랜드가 점령하고 있으 며 혼다(13%)와 도요타(12.3%) 등이 그 뒤를 잇는다(출처 : 컨설팅업 체 프로스트 앤 설리번).

말레이시아 사람들은 왜 프로톤을 좋아할까? 이 질문에 식스토 로메로는 다음과 같이 대답했다.

"수입차들과 비교해 가격 대비 성능이 훌륭하거든요. 안전성도 매우 좋고요."

그의 말처럼 프로톤의 인기는 가격 대비 높은 성능에 기인한다. 실제로 프로톤은 지속적으로 기술력 향상을 위해 노력한 끝에 자 국의 자체 생산 부품을 80% 이상 사용할 정도로 발전했다. 말레 이시아의 수도 쿠알라룸푸르에서 3시간 거리에 있는 탄종 말림 (Tanjong Malim)에는 2004년도에 8,000억 원을 투자해 세운 프로

동남아시아의 다른 국가와 달리 말레이시아 도로를 점령하고 있는 건 자국 브랜드인 프로톤이다.

톤 공장이 있다. 최첨단 설비를 갖춘 공장에서 부품에서 엔진까지 생산하는 완성차 업체가 된 프로톤은 그 품질을 인정받아 영국, 호주, 중국, 중동 등에도 수출하고 있다.

프로톤의 인기가 높아지면서 동반 성장한 부문은 바로 자동차 부품 제조업이다. 현재 말레이시아 자국 내 자동차 부품업체 350여 개 중 80% 이상의 업체가 프로톤과 협력관계에 있다. 이들 부품업체들은 프로톤이 말레이시아의 자동차산업 발전을 이끌고 있다고 입을 모은다.

기술력 향상에 크게 기여한 것으로 자체 레이싱 팀의 자동차 경주대회도 빼놓을 수 없다. 프로톤이 레이싱 팀을 만든 것은 지난 2003년. 레이싱과 같은 극한 상황에서도 견뎌낼 수 있는 자동차를 만들고, 세계 시장에 내놔도 뒤지지 않는 기술력을 지닌 부품과 엔진을 개발하기 위해서였다. 매년 봄 F1 경기가 열리는 스팡 경주장에서는 경기가 끝난 후 프로톤이 주최하는 또 다른 자동차 경주 대회가 열린다. 이 대회는 경주용 자동차가 아닌, 승용차와 비슷한 투어링카 경주 대회다. 혼다, 메르세데스 등 세계적인 자동차 회사들과 기술력을 걸고 경쟁하는데, 프로톤 레이싱 팀은 이 대회에서 높은 점수를 거둠으로써 프로톤의 품질이 다른 세계적인 자동차 회사에 뒤지지 않는다는 것을 증명해 보이고 있다. 프로톤 회사와 소속 레이서들은 매번 경기 결과를 분석하여 핸들링을 개선하거나 엔진을 개발하는 등 기술 향상에 활용한다.

이러한 기술력을 바탕으로 신 모델 개발도 게을리 하지 않는다. 국민들에게 가장 잘 팔리는 사가(Saga), 가족용 차로 인기를 끄는 SUV인 이그조라(Exora), 1998년에 내놓은 후 품질과 서비스 면에서 큰 호응을 받은 세단 위라(Wira), 콘셉트 카인 프레베 사파이어

(Preve Sapphire), 작지만 성능 좋은 최신 모델 이리즈(Iriz) 등 지속
적으로 생산되는 프로톤의 다양한 모델들은 자동차 구매력이 높
아지고 있는 말레이시아 중산층에게 안성맞춤이다.

국민차로 출발해 자국의 제조업 동반 성장을 주도하며 내수 소
비를 이끈 말레이시아의 대표 브랜드. 프로톤 영업부장의 이야기
에서 프로톤에 대한 말레이시아 사람들의 자부심을 엿볼 수 있다.

"말레이시아 도로 위를 500만 대의 프로톤이 달리는 것을 볼 수
있을 거예요. 사람들은 프로톤의 새로운 모델 출시를 항상 기대하
지요. 프로톤은 그냥 단순한 차가 아닙니다. 말레이시아라는 공동
체를 위해 만든 하나의 브랜드입니다."

태국 자동차 '타이룽'

태국도 국민들의 자동차 구매율이 최근 몇 년 사이에 급증했다.
자동차산업은 태국 제조업 GDP의 12%를 차지하는 최대 산업
이다. 태국 정부가 자동차산업을 전략산업으로 육성한 결과 세계
9위의 생산국으로 성장했으며, 글로벌 자동차 회사들의 투자도 집
중되고 있다. 내수 판매와 해외 수출 비율은 대략 반반. 주요 수출
국은 인도네시아, 말레이시아, 일본, 사우디아라비아, 호주 등이다.

2014년 한 해 동안 태국에서 판매된 차량은 90만 대에 이른다.
국민 5명당 1대 꼴로 자동차를 소유하고 있으며, 첫 차를 구매하

는 연령대도 낮아지고 있다. 특히 2012년 태국 정부가 생애 첫 자동차 구매자에게 보조금 약 300만 원을 지원해주면서 자동차 구매율도 급증했다. 젊은 층에서는 결혼할 때 남자가 여자에게 차를 선물하는 유행이 생겼고, 자동차를 자기 취향에 맞게 개조하는 튜닝 업체들도 인기다. 인구에 비해 대중교통이 충분하지 못하다 보니 자동차와 오토바이를 사서 다니는 것이 대중교통을 이용하는 것보다 편리하고 오히려 저렴하기 때문이라는 설명도 있다. 태국에 많이 있는 크고 작은 농장 일을 하는 사람들에게도 픽업트럭은 필수일 터. 그러다 보니 요즘 태국인들은 자동차에 대한 관심이 굉장히 높은 편이다.

저렴한 차량이나 오토바이도 많이 구매하지만 고급차 판매율도 높아졌다. 이는 태국의 수도 방콕에서 매년 열리는 동남아시아 최대 규모의 국제 모터쇼에서 실감할 수 있다. 방콕 국제 모터쇼는 태국 최초의 자동차 및 모터사이클 전문 출판사인 그랑프리 사의 주최로 1979년에 시작되었다. OICA(Organisation Internationale des Constructeurs d'Automobiles : 세계자동차공업연합회)가 공인한 모터쇼 중 도쿄 모터쇼에 이어 아시아에서 두 번째로 오랜 전통을 가지고 있다. 2015년 4월에 열린 방콕 모터쇼에서는 BMW, 메르세데스-벤츠, 혼다, 포드, 토요타, 마즈다, 롤스로이스 등 글로벌 시장을 주름잡는 자동차 업체들이 앞다퉈 최고급 신 모델들을 공개했다. 자동차 부스 30개, 오토바이 부스 5개, 자동차 액세서리 부

태국 수도 방콕에서 열린 동남아시아 최대 규모의 국제 모터쇼 현장. 글로벌 시장을 주름잡는 유명 자동차업체들이 앞다퉈 최고급 신 모델을 공개했다.

스만 170개가 들어섰다. 하루 평균 10만 명, 총 150만 명 넘는 사람들이 몰려온 2015년도 모터쇼에서 3만 7,000여 대의 차량이 판매되었다.

매년 모터쇼가 열릴 때마다 가족과 함께 온다는 쑤라쳇은 이미 집에 차가 2대나 있지만 고급차를 또 구입할 예정이라고 했다. 그가 관심을 갖고 유심히 살펴보던 차의 가격은 4억 원대 후반. 메르세데스-벤츠 딜러인 아난타펀 치라완는 이 차가 태국에서 처음 선보이는 모델이지만 이미 예약자가 여럿 있을 정도로 잘 팔리고 있다고 했다. BMW 딜러 수다우타펀도 태국이 아세안에서 매우 중요한 자동차 시장으로 꼽힌다고 말했다.

"2014년 태국에서 BMW와 미니쿠퍼를 합쳐 모두 8,300대를 팔았습니다. 고급차와 오토바이 판매에 있어 태국은 아세안 10개국 중 매우 중요한 시장입니다."

이처럼 해외 유명 자동차 업체들에게 태국은 무시할 수 없는 시장이 되었다. 더 주목할 점은 소비량과 함께 자동차 생산량도 늘고 있다는 점이다. 아세안 국가의 자동차 생산량은 1990년대 63만 대에서 2014년에는 420만 대로 급증했으며 오는 2020년에는 680만 대로 늘 것으로 예상된다. 태국, 인도네시아, 말레이시아 3개국이 아세안 지역 내 자동차 생산의 96%를 차지하는데, 그중 가장 두드러지는 나라가 태국이다. 아세안 내 생산 기준으로 볼 때 태국 245만 대(55%), 그 다음으로 인도네시아 120만 대, 말레이시아 60만 대로 태국이 압도적이다. 태국의 경우 승용차보다 1톤 픽업트럭 수출량이 많은데, 2012년에는 세계 1위, 2013년에는 미국 다음으로 2위를 차지했다.

모터쇼의 화려한 수입 자동차들 사이에서 유독 사람들의 눈길이 쏠린 차량이 있었다. 우리나라에게는 아직 생소한 '타이룽(Thairung)'이라는 이름의 태국산 사륜구동 지프다. 이 차량은 주로 태국의 군용차로 사용되었는데, 생활수준이 높아져 가족 단위의 레저 활동이 많아진 요즘에는 일반인들에게도 큰 인기를 끌고 있다.

타이룽은 자동차 부품을 만들어 큰 회사에 납품하던 회사로, OEM(주문자 상표 부착 방식) 분야에 주력해왔다. 아직까지는 일본

토요타의 엔진에 타이룽에서 제작한 본체를 얹는 형태로 제작되고 있지만 자국산 차에 대한 태국인들의 관심은 날로 높아지고 있다.

태국사람들은 자국의 타이룽 자동차를 어떻게 생각하는지 들어보자.

"차가 크고 듬직하며 안이 넓어서 맘에 드네요. 보기에도 예뻐 보여요. 허머(Humme, 미국의 대표적인 사륜구동 지프형 자동차)처럼 생겨서 저희에게 안성맞춤입니다."(싯아파)

"가격이 140만 바트 정도라 가격도 부담스럽지 않고요. 저는 고무나무 농장 일을 하고 있기 때문에 이 차가 적당합니다. 튼튼해서 산에도 올라갈 수 있고, 농장에도 쉽게 들어갈 수 있죠. 더 많은 태국 사람들이 태국 브랜드를 사용했으면 좋겠어요."(마이뜨리)

"타이룽은 태국에서 직접 제작된 차죠. 이 차는 저처럼 험한 산

모터쇼 현장에서 공개된 '타이룽'의 사륜구동 지프

길을 자주 다녀야 하는 직종의 사람들에게 적당하고, 또 온 가족이 다 같이 탑승할 수 있으며, 궂은 날씨에도 몰고 다닐 수 있어서 좋습니다. 태국인으로서 태국에서 직접 제작된 차를 사용하는 것이 기쁘고 자랑스럽습니다." (팬액웃 / 군인)

"타이룽은 안은 일본 부품이지만 밖은 태국이 직접 만든 본체를 사용하고 있잖아요. 허머 느낌이 나는 자동차 모양이 마음에 들고 내부도 맘에 들어요. 가격도 비싸지 않죠. 태국사람이 직접 만든 거라 자랑스럽습니다. 그래서 새로운 차량이 나오기를 늘 기다립니다." (싸넉 펫빤깐 / 경찰)

타이룽의 성장은 태국 자동차 시장의 성장과 궤를 같이 한다. 부품을 납품하는 제조업체로 시작했지만 앞으로는 태국을 대표하는 자동차 브랜드가 되기를 꿈꾸고 있다. 최근에는 품질을 인정받아 이란, 수단, 칠레, 중국 등에 수출하고 있다. 타이룽의 대표적인 차량인 픽업트럭의 경우 중동, 러시아, 유럽에서 수요가 올라가고 있는데, 타이룽의 부품들이 토요타, 이스즈, 닛산 등에 사용되고 있기 때문에 수출 전망도 밝은 편이다. 토요타나 포드 같은 회사들도 태국에 픽업트럭 공장을 지어 생산 및 수출을 하고 있다.

부품 제조업체에서 완성차 제조업체로 발전하기 위해 타이룽은 일본의 제조업체들로부터 기술을 배우고 영역을 확장하고 있는 중이다.

타이룽 공장의 책임자로 일하고 있는 위차야 숙카위타야촛는 타이룽의 자동차 품질을 외국 자동차 수준으로 높이겠다는 포부를 갖고 있다. 그는 토요타 회사에서 25년간 근무하다 타이룽으로 스카우트된 베테랑이다. 공장에서는 완성된 자동차 내부에 토요타의 부품을 넣는 작업이 진행되는데, 4년 전에 지은 이 공장에서 지금까지 300대 정도를 만들었다. 판매량의 60%는 일반 고객이고 나머지는 군인인데 태국뿐만 아니라 인도네시아 군인들에게서도 주문이 많이 들어온다고 한다. 일본제 부품을 넣는다고는 하지만 자체 디자인, 조립, 품질 관리를 직접 담당하기 때문에 기술 수준이 낮은 것이 아니다. 자체 기술력으로 태국을 대표하는 브랜드가 되겠다는 목표가 점차 현실이 되고 있다.

이제는 자동차 수출국

타이룽 회사를 이끌고 있는 쏭폰 판초크 회장은 가까운 미래에 태국 자체 브랜드로 세계 자동차 시장을 깜짝 놀라게 만들겠다는 야심찬 계획을 갖고 있다. 자신이 만든 자동차가 해외로 수출될 날을 기다리며, 품질 개발을 위해 일본 자동차 회사에서 근무한 인재들과 다국적 엔지니어들을 적극적으로 영입해 선진기술 확보에 힘쓰고 있다.

"앞으로 태국 사람들을 위해 다양한 차량을 만들 것입니다. 새로운 파트너와 합작하여 해외 진출도 염두에 두고 있습니다."

타이룽은 1967년 '태국의 포드'라 불릴 정도로 발명에 재능을 가진 쏭폰 회장의 아버지가 설립하고 어머니가 공동설립자로서 재정과 마케팅을 담당해 함께 키웠다. 버스나 용달차에 추가 공정을 하던 작은 부품 공장에서 시작해 자체 생산능력과 브랜드를 가진 자동차 회사로 성장했다.

픽업 자동차를 스테이션 왜건(화물적재공간이 있는 차)으로 개조하거나 차량 전체를 군용 차량으로 발전시킨 초기 모델들 이후, 타이룽의 개성이 돋보이는 자동차를 만들기 위해 오랜 세월 노력했다고 한다. 특히 디자인 개발에 집중했다. 처음엔 차체에 도색만 하는 정도였지만 이제는 여러 글로벌 자동차 회사들로부터 외부 디자인과 관련한 제작도 의뢰받는 수준으로 발전했다.

쏭폰 회장은 아버지가 가르쳐주신 '내일이 오늘보다 나아야 한다'는 모토를 지금도 잊지 않고 있다며, 타이룽 그룹의 경쟁력이 다른 회사에 절대 지지 않을 것이라고 말했다.

그동안은 엔진 같은 중요 부품들을 다른 회사들에 의존해야 했지만 이제는 부품 생산뿐만 아니라 자동차 본체와 내부 디자인도 직접 하고, 엔진, 기어, 모터, 액셀러레이터와 같은 중요 부품을 만들 수 있는 자체 기술력을 확보할 계획이다. 자회사인 'TAP(Thai Auto Press)'의 경우 금형부품을 생산해 OEM업체에 공급하고 있는데, 조립과 소량생산을 담당하는 본사와 달리 대량생산에 주력하고 있다. 주요 고객사만 해도 이스즈, 닛산, GM, 미쓰비시 등 쟁

아버지의 작은 부품 공장을 자체 브랜드를 가진 자동차 회사로 성장시킨 타이룽 쏭폰 회장은 타이룽 그룹의 경쟁력이 타사에 절대 뒤지지 않는다고 자부한다.

쟁한 글로벌 자동차회사들이다.

"태국 사람으로서 우리가 만들고 디자인한 자동차를 외국에 수출한다는 사실을 아주 자랑스럽게 생각하고 있습니다."

언젠가는 태국 자체 브랜드의 자동차를 국내뿐만 아니라 해외에 수출해 태국의 국가 이미지를 높이고 태국 경제에 일조하기 위해 매진 중이다.

아세안의 디트로이트, 라용 산업단지

제작진의 촬영 당시 쏭폰 회장은 새로운 트럭 생산 공장(Trex Thairung)을 세우고 본격 가동을 준비하고 있었다. 기존에 만들어오던 소형차나 픽업트럭뿐만 아니라 대형차와 트럭들을 생산하고 사업을 확장하기 위해서다. 조만간 탑차나 컨테이너트럭 등 대형 물류 차량을 생산하고 콘크리트믹서와 같은 건축용 차량도 만들 계획이라고 한다.

타이룽의 새 공장이 들어선 곳은 태국 자동차산업의 심장부인 라용 산업단지다. 방콕에서 차로 3시간 정도 거리에 있는 라용 산업단지는 포드, GM, 토요타, 혼다, 닛산, 미쓰비시 등 글로벌 자동차 회사들의 공장이 진출해 있는 아세안 최대의 자동차 생산기지다. 서울의 6배 면적에 60만 명이 살며 자동차 외에도 철강, 가전, 화학, 식품가공업 등 360여 개의 글로벌 업체가 입주해 있는 이른바 '아세안의 디트로이트'라 할 수 있다. 우리나라 LG전자의 생산기지도 들어서 있다.

라용의 1인당 국내총생산(GDP)는 태국의 수도 방콕의 2~3배에 달한다. 이곳에서 생산된 차량을 실은 거대한 트럭들 중 일부는 방콕으로, 나머지는 근처 램차방(Laem Chabang) 항구로 가서 세계 각국으로 수출된다. 타이룽 회사의 라용 공장에서 생산된 자동차 부품들은 그곳에 있는 GM, 이스즈, 닛산, 미쓰비시 등의 회사들에 제공되고 있으며, 일본 회사와 합작해 새로 만든 트럭 공장도 글로벌 자동차 업체들과 본격적으로 경쟁하게 된다.

타이룽의 사례에서 알 수 있듯이 완성차업체의 성장은 연관 부품산업까지 활성화시키고 있다. 현재 화물용 트럭은 85%, 승용차

아세안의 디트로이트, 라용 산업단지의 모습

는 70% 이상이 태국산 부품으로 조립되고 있다. 즉 부품의 현지
화가 급속도로 진행되면서 하청업체들도 함께 성장하고 있다. '제
2의 타이룽'을 탄생시킬 수 있는 기반이 만들어지고 있는 것이다.

이러한 부품업체 중에는 태국 최대의 자동차 부품회사로 꼽히
는 타이 수밋(Thai Summit) 그룹이 있다. 타이 수밋 회사는 오토바
이 부품 제조업체로 시작해 자동차 부품 생산으로 영역을 확장한
업체다. 자동차와 오토바이 부품, 자전거 부품, 전선, 섀시, 금형 제
품 등 다양한 제품군을 만드는데, 주 고객은 태국 내 오토바이 생
산업체들과 혼다, 토요타, 이스즈, 미쓰비시, 마즈다 등 일본 회사
및 포드, GM 등이다.

37년 역사를 가진 회사지만 집중적인 발전은 최근 5~6년 동안
일어났다. 2014년도 매출이 약 750억 바트(약 2조 4,000억 원)를 기

록했는데 이는 6년 전 매출의 2배가 되는 수치다. 이 회사 부사장 차나판 찡룽르앙낏은 'R&D 시설을 갖추고 소비자의 니즈에 대응하기 위해 노력한 결과'라고 말한다. 아직까지 태국의 자동차와 오토바이 시장은 각각 200만 대 정도이지만 앞으로 국내시장 점유율을 높이고 아세안 시장으로도 사업을 확장할 계획이며, 해외 진출을 위해 미국, 일본, 중국, 인도, 베트남, 인도네시아 등에도 공장을 세웠다.

이 회사가 라용 산업단지에 둥지를 튼 것은 이곳이 자동차 분야의 중요한 생산지이자 공급지이기 때문이다. 철, 코일 등을 만드는 1차 공급업자를 포함한 자동차 부품 생산업체들의 대부분이 이곳에 모여 있기 때문에 환경적 편의성과 인프라가 갖춰져 있다.

라용 공단 관리회사 대표 데이비드 나르돈은 태국의 차세대 국제항이 되고 있다고 말했다. 태국의 자동차산업 성장세와 더불어 태국에서 자동차를 생산 및 판매하고자 하는 글로벌 자동차회사들이 발 빠르게 움직이고 있다는 것이다. 그는 자동차 제조업체들이 이곳에 집중적으로 모여 있는 이유로 첫 번째는 국제항과의 근접성, 두 번째는 경쟁력을 꼽았다. 글로벌 자동차 회사들은 아시아 지역을 자동차산업 성장시장으로 보고 있는데, 그중에서도 태국은 세계에서 두 번째로 큰 픽업트럭 시장인 데다 그동안 태국산 자동차가 없었기 때문에 외국 회사들이 태국에서 자동차를 생산 및 판매하기 위해 라용 산업단지에 주목했다는 것이다.

태국의 자동차 제조환경과 인프라는 앞으로 더욱 향상될 전망이다. 자동차산업의 역량을 개발하여 바야흐로 제조국가에서 생산국가로 성장하고 있는 태국. 라용 단지의 성장과 더불어, 글로벌 브랜드가 되겠다는 타이룽의 꿈도 머잖아 실현될 것으로 보인다.

삼성과 애플에 도전장을 던지다

지난 2015년 6월, 스마트폰 신제품 출시 발표회가 열린 베트남 하노이의 한 행사장은 자리를 꽉 채운 사람들로 인산인해를 이뤘다. 마치 애플의 신제품 발표회장을 연상케 하는 무대 위의 대형 스크린을 통해 새 스마트폰의 다양한 기능들이 차례로 소개되었다. 관객석에서는 박수가 여러 번 터져 나왔다. 베트남 IT업체 '비카베(Bkav)'가 수년간의 노력 끝에 자체 기술력으로 만든 '비폰(B-phone)'이라는 이름의 고급 스마트폰이 출시되던 날이다. 베트남의 경제도시 호치민에서 싹튼 새로운 도전이 성공을 거두는 순간이었다.

무대 위에서 '디자인이 심플하고 정교하며 소프트웨어의 성능은 최고급'인 신제품을 설명하는 이 회사 부회장의 목소리에는 자신감이 넘쳤다. 2010년부터 시작된 프로젝트에서 수백 명의 기술자들이 1,500일 동안 수천 번의 실험을 거듭했다는 성공 스토리가 이어졌다.

"수백만 명의 베트남 사람들이 외국에서 수입된 고급 스마트폰을 사용하고 있지만, 베트남 사람이라면 누구나 베트남에서 직접 스마트폰을 생산할 수 있게 되기를 바랐을 것입니다. 우린 그러한 스마트폰을 직접 만들어내기를 원했고 결국 만들어냈습니다. 이것은 여러분을 위한 것이고 베트남을 위한 것입니다."

삼성과 애플에 도전장을 던진 자국 스마트폰에 대한 베트남 청중의 반응은 뜨거웠다. 기존의 고급 스마트폰에 뒤지지 않는 세련된 디자인, 베트남 사람들에게 최적화된 새롭고 다양한 기능, 합리적인 가격까지 두루 합격점을 받았다. 행사장에서 직접 신제품을 만져보고 체험해본 베트남 사람들은 대체로 호의적인 반응을 보였다.

"디자인이 예쁘고요, 아이폰에 없는 성능이 있어서 이 가격으로는 베트남 시장에서 잘 판매될 것 같아요. 제가 쓰고 있는 아이폰 4만 해도 1,100만 동(56만 원) 이상 되니까 이 가격이면 비폰을 구입할 것이라고 생각해요."(짜단 / 회사원)

"막상 제작발표회에 와보기 전에는 베트남이 이렇게 좋은 스마트폰을 만들 수 있을 줄 몰랐어요. 디자인이 정교하고 구성이 알차서 세계적 등급의 스마트폰이라고 생각해요. 저는 개인적으로 이 가격이면 아이폰이나 삼성과도 경쟁할 수 있다고 봐요. 베트남의 비폰을 믿고 응원하고 싶어요."(휀 / 회사원)

"비폰은 다른 폰에 없는 성능이 다양해요. 디자인도 예쁘고 가격도 합리적이에요."(보티 / 대학생)

컴퓨터 보안업체로서 주로 소프트웨어 연구 및 개발에 주력했던 비카베가 전자제품 개발을 시작한 것은 지난 2003년이다. 소프트웨어와 하드웨어 제품을 고루 만들며 기술력을 쌓은 IT회사지만 막상 고급 스마트폰을 개발하겠다고 했을 때 결과를 낙관한 사람은 거의 없었다고 한다. 스마트폰은 제조, 인력, 기술 등의 조건들이 두루 충족되어야 만들 수 있기 때문에 베트남에서는 아무도 엄두를 내지 못했다. 게다가 정글과도 같은 전 세계 스마트폰 시장에 뒤늦게 뛰어들었기에 시작이 늦은 만큼 고민도 많을 수밖에 없었다.

비카베 하드웨어 부문을 담당하는 부 탄 탕(Vu Thanh Thang) 부회장은 성공 비결에 대해 '수천 번 넘게 시도하면서도 포기하지 않은 것'이라고 말했다. 소프트웨어와 하드웨어를 개발하던 기술력으로 스마트폰 핵심 기능들을 만들고, 현지 부품업체들로부터 부품을 받으며 아세안 최초의 토종 스마트폰 조립공장을 세웠다. 무엇보다 삼성이나 애플 제품으로 눈이 한껏 높아진 베트남 소비자들을 만족시킬 수 있는 최고 사양의 스마트폰을 만들기 위해 연구

베트남 최초의 고급 스마트폰 '비폰'. 비폰이 탄생하기까지 4년 반 동안 수천 번의 실험을 진행했다고 한다.

를 거듭했다. 가장 주력한 것은 디자인. 그 결과 아이폰보다 조작 비율이 30% 적어 베트남 사람들이 사용하기 편하고 디자인도 뒤지지 않는 제품을 개발하기에 이르렀다. 그리고 그 노력은 성공을 거뒀다. 출시 당일에만 12시간 만에 1만 2,000건의 주문이 폭주하는 초유의 현상이 벌어진 것이다.

부품 제조국에서 제품 생산국이 되다

스마트폰은 베트남 가전제품 시장에서 가장 두드러진 성장세를 보이고 있는 부문이다. 고가의 삼성이나 애플 스마트폰을 주저 없이 구매하는 소비자가 늘어났을 뿐더러 각자의 경제적 여건과 개인적 취향에 맞는 다양한 제품들을 원하게 되었다. 늘어나는 수요만큼 통신기기 시장이 성장하면서 제품의 종류가 다양해지고 IT 기업들의 경쟁도 치열해졌다.

휴대전화 시장이 커지자 베트남 자체 브랜드의 휴대전화들이 속속 등장하기 시작했다. 이들 브랜드는 성능 대비 저렴한 가격을 무기로 베트남 내의 시장 점유율을 30~40%까지 끌어올리고 있다. 가격 경쟁력으로 인해 주로 서민들이나 젊은 층에게 인기인데, 최근에는 가격뿐만 아니라 품질도 높아져 주목을 받고 있다.

베트남이 자국산 스마트폰을 개발하게 된 동력은 어디에 있었을까? 부 탄 탕 부회장은 "글로벌 기업들의 현지 투자가 베트남 기업들에게는 벤치마킹의 기회였다"고 말한다. 삼성, LG, 마이크로소프트 등 글로벌 기업들이 베트남에서 휴대전화를 제조하고, 수많은 부품 제조업체들도 베트남으로 진출하고 있는 상황. 베트남은 현재 세계에서 스마트폰을 가장 많이 제조하는 나라로 꼽힌다.

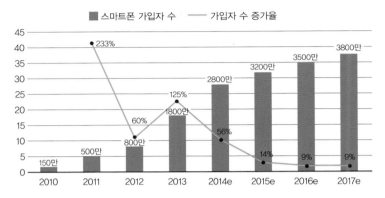

베트남 스마트폰 보급률과 성장률

■ 스마트폰 가입자 수 ── 가입자 수 증가율

* 출처 : www.slideshare.net

이러한 제조 환경은 베트남 회사가 스스로 휴대전화를 만드는 데 유리한 조건이 되었다.

"비폰의 경우 부품들의 현지 제조 비율이 80%가 넘습니다. 비폰의 성공은 베트남도 하이테크 제품을 만들 수 있는 능력이 있다는 증거입니다."

오늘의 비카베가 있기까지는 직원들의 창의성을 장려하는 기업 문화도 도움이 되었다고 한다. '두 번째 가족'이라는 모토로 사무실에서 집처럼 신발을 벗고 일하는 독특한 환경을 비롯해, 근무시간 중 낮잠 자는 시간이 정해져 있고 휴식시간에는 가벼운 체조를 하는 등 직원들이 쉴 수 있는 시간과 공간을 정해두고 지키게 했다. 1,500명의 직원들에게 편안하고 자유스러운 근무환경을 보장

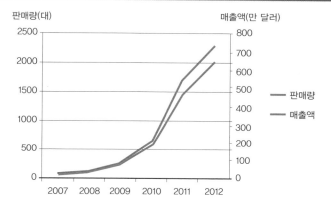

베트남 스마트폰 시장 성장 추이

판매량(대) 매출액(만 달러)

- 판매량
- 매출액

＊베트남 가전제품시장에서 가장 빠르게 성장하는 분야는 통신기기분야로 오늘날 가전제품시장의 41.59%를 점유, 통신기기 중에서 특히 스마트폰 사용이 크게 확대되는 추세다.

＊유로모니터 인터내셔널(Euromonitor international)은 베트남 스마트폰 시장의 연평균 성장률은 2007년에서 2012년까지 119%에 이르렀으며 2012년에서 2017년까지 약 335.5%의 연평균 성장률을 가질 것으로 예상하고 있다.

＊시장 조사 전문기관 GFK는 베트남이 2014년 1분기에 태국, 인도네시아와 함께 스마트폰 성장률이 가장 높은 국가라고 발표했다.

＊베트남 통신사 가입 인구 중 30~40%가 스마트폰 사용자이며, 2014년 1분기 베트남 스마트폰 시장의 규모는 작년 동기보다 25% 증가한 42억 달러에 달한다.

한다는 취지다. 이러한 회사 분위기 속에서 100여 종의 IT제품들이 탄생했다.

스마트폰 뒤에 새겨진 '메이드 인 베트남(Designed by Bkav, Made in Vietnam)'이라는 문구는 부 탄 탕 부회장을 포함한 베트남 사람들의 커다란 자부심이다. 베트남뿐만 아니라 전 세계에 영향을 끼치는 IT기업이 되겠다는 비카베. 이제는 아세안을 넘어 세계 무대를 향해 도전하고 있다.

2014년도 아세안 지역의 스마트폰 보급률은 말레이시아 80%, 태국 49%, 인도네시아 23%, 싱가포르 87%, 필리핀 15%(출처 : 필리핀 리서치업체 온디바이스리서치(On Device Research))에 이른다. 소비시장 확장과 더불어 전자업체들도 약진하기 시작했다.

중국과 인도의 전자업체들을 중심으로 세계 스마트폰 시장이 재편되고 있는 가운데, 베트남, 인도네시아, 말레이시아, 태국, 필리핀 등 아세안 각국에서도 토종 전자업체들이 잇달아 고급 혹은 저가형 스마트폰을 자체 기술력으로 내놓으면서 자국 내에서의 시장 점유율을 빠른 속도로 끌어올리고 있다. 애플의 아이폰과 더불어 아시아 시장을 장악했던 한국의 삼성 스마트폰이 적잖은 위협을 받고 있는 이유다. 토종 휴대전화 개발 신화도 더 이상 비카베만의 전유물은 아니라는 얘기다.

아세안 최초로 자체 조립공장을 만들어 고급형 스마트폰을 출시한 비카베에 이어, 베트남 통신업체 VNPT 테크놀로지에서는 서민과 젊은 직장인을 타깃으로 한 저가형 스마트폰 '비바스 로터스(Vivas Lotus)'를 내놓았다.

세계 4위 인구 대국으로 최소 2,000만 명 이상의 잠재 소비자층을 갖고 있는 인도네시아에서는 '인도네시아의 삼성전자'라 불리는 대표적인 전자업체 '폴리트론(Polytron)'이 휴대전화 생산을 본격화했고, 토종 통신업체 '스마트프렌'이 서민들을 타깃으로 한 중저가 스마트폰을 내놓았다. 특히 인도네시아 최초의 스마트폰 브랜드인 '아이보(Ivo)'가 출시되면서 삼성의 점유율을 무섭게 따라잡고 있다. 게다가 수입 스마트폰에 대해 부과하는 관세를 더욱 높임으로써 정부 차원에서 자국 스마트폰 시장을 보호하고 있다.

말레이시아에서도 토종 전자업체 '나인톨로지(Ninetology)'가 만든 스마트폰의 시장 점유율이 빠른 속도로 오르는 추세다. 필리핀의 '체리모바일', 태국의 '아이모바일'도 자국 내 스마트폰 시장을 공략하고 있는 토종업체들이다.

이들 아세안의 토종 기업들은 소비자의 눈높이에 맞는 고사양의 스마트폰을 수입 제품보다 저렴한 가격에 내놓거나, 혹은 저가형 스마트폰으로 서민 계층을 사로잡음으로써 국민들의 높은 호응을 얻고 있는 분위기다. 글로벌업체들의 투자가 만들어낸 탄탄한 제조환경 속에서 오랜 기간 잠재력과 기술 노하우를 쌓아온 것이 아세안 토종 회사들의 특징이다.

넥스트 차이나 생산 거점, 아세안을 공략하라 03

중국을 떠나 아세안으로

'세계의 공장'으로 불렸던 중국에서 변화의 움직임이 일고 있다. 1980년대부터 제조업의 메카이자 최대 생산기지로 군림했던 광둥성과 저장성 등지에서 다국적 기업의 공장들이 잇달아 철수하면서 세계 공장 지형의 판도가 바뀌고 있는 것이다.

중국의 유명 의류 브랜드들의 반 이상을 생산하여 연 매출 350억 원을 올리는 대표적인 의류회사 '생스'의 상하이 공장도 최근 들어 인건비 문제를 실감하고 있는 업체들 중 하나다. 중국의 생활수준이 높아짐에 따라 근로자들의 임금이 오르면서 값싼 노동력은 더 이상 그들만의 장점이 아니게 되었다는 것.

이 공장에서 일하는 팡야펀은 중국의 인건비 상승으로 인해 특히 의류업계가 예전보다 어려움을 겪고 있다고 말했다. 규모가 작은 공장들의 경우 경영난으로 도산하는 경우가 적지 않다고. 실제로 최근 10년 사이에 중국의 크고 작은 제조공장에서 일하는 직원들의 임금은 많게는 서너 배 이상 상승했다. 그러면서 문을 닫는 공장들도 늘어만 갔다.

"현재 저희가 직면한 가장 큰 문제는 임금이 적을 경우 일하려는 사람이 없다는 점입니다. 다른 업계에 비해서 의류업계가 조금 더 힘듭니다. 10시간씩 한 자리에 앉아서 일을 해야 하기 때문이죠. 이로 인해 위기감을 느끼고 있습니다."

이 업체의 경우 직원들의 평균 임금이 3,000위안(약 50만 원) 정도 되는데, 다른 공장들과 임금 산정 방식이 조금 다르다고 한다. 주변의 다른 공장들은 대개 시간제로 임금을 계산하는데, 이 공장의 경우 10시간에 10위안 정도의 기본급을 지급하되 그 시간 동안의 생산량에 따라 다시 세밀하게 구분하여 지급한다. 제품의 양과 질을 철저히 따져 까다롭게 급여를 지급하는 것이다.

"공장에서 필요한 건 퀄리티 보장과 생산량 유지입니다. 주변의 다른 공장들의 경우, 단순히 시간제로 임금을 지불하다가 생산량이 안 나와 공장이 망할 지경입니다. 우리 공장은 비성수기가 없지만, 다른 공장들은 우리보다 더 어렵습니다. 비성수기가 있죠."

이 회사에서 찾은 돌파구는 중국이 아닌 해외에 있었다. 몇 해 전, 캄보디아에 제2공장을 세운 것이다. 이 회사의 수석 디자이너

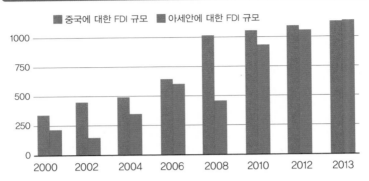

아세안 FDI(외국인 직접 투자액)

■ 중국에 대한 FDI 규모　■ 아세안에 대한 FDI 규모

중국 FDI : 1,239억 달러(2013) 〈 아세안 FDI : 1,254억 달러(2013)

＊출처 : UNCTAD

인 엠리 장은 중고가 브랜드의 소량 주문은 중국에서, 단순 디자인의 대량 주문은 캄보디아에서 생산한다고 말했다. 주문량이 많을 경우 인건비가 많이 들어가면 이윤을 남기기 어려우므로, 중국보다 인건비가 적게 드는 캄보디아 공장에서 만드는 것이 더 유리하기 때문이다. 중국 내의 인건비 상승으로 줄어든 이윤을 캄보디아 공장을 통해 보충하는 것이다. 캄보디아와 중국의 인건비 차이는 50% 정도나 된다. 이 회사에서는 캄보디아를 시작으로 동남아시아 시장을 개척할 것이라고 한다.

이처럼 기업들이 중국을 떠나 새롭게 둥지를 틀고 있는 곳은 아세안 국가들이다. 중국의 인건비는 점점 오르는 반면, 베트남, 캄보디아, 인도네시아, 말레이시아 등 아세안의 산업단지에서는 양질의 노동력을 상대적으로 적은 인건비로 활용할 수 있어 기업의 수익성 확보에 유리하다.

한국 기업들의 초대형 공장이 있는 곳

이른 아침, 베트남 도심 곳곳은 오토바이를 탄 출근행렬로 장관을 이룬다. 수도 하노이 인근 박닌(Bac ninh) 성의 옌퐁 공단도 예외는 아니다. 이 공단에서 근무하는 근로자만 수만 명에 이른다. 삼성전자는 2008년 옌퐁 공단에 제1공장 가동을 시작한 데 이어 2013년에는 타이응우옌(Thai Nguyen) 성에 제2공장을 세웠다. 삼성 휴대전화의 절반은 베트남에서 만들어지는 셈이다. 삼성전자 베트남 법인 고문 하찬호는 "베트남은 인건비가 저렴할 뿐만 아니라 우수한 인력이 많아 기업들의 투자가 이어지고 있다"며 다음과 같이 덧붙였다.

"인력을 용이하게 조달받을 수 있어야 하는데 베트남은 그런 점에서 아주 유리한 여건입니다. 풍부한 인력이 있고, 그 인력들이 아주 우수합니다. 실제로 전자제품 조립에는 정교한 손놀림이 필요한데, 베트남 직원들의 손재주가 아주 뛰어납니다."

2014년도 삼성전자 베트남 법인의 수출액은 320억 달러. 하노이 공항에는 삼성 전용 화물 터미널도 개설됐다. 이 국제공항을 거쳐 가는 전체 화물의 50%는 삼성의 상품들. 이에 베트남 정부가

베트남 박닌 성에 위치한 삼성전자 휴대전화 공장. 삼성전자 휴대전화의 절반이 이곳에서 만들어지고 있다.

전용 터미널을 개설하도록 허가해준 것이다.

글로벌 기업의 투자와 공단 개발은 현지 회사들에게도 영향을 끼친다. 박닌 성에는 삼성 휴대전화 공장의 1차 혹은 2차 협력업체들이 하루가 멀다 하고 속속 들어섰다. 그중에서도 공단에 전기, 수도를 공급하고 관련 작업을 해주는 업체들이 성행하고 있다.

베트남의 산업공단 인프라 구축을 전문으로 하는 한 인프라개발회사는 옌퐁 공단에 전기를 공급하는 일을 하는데, 늘어나는 전력 수요를 맞추기 위해 시설과 인력을 늘려야 했다. 지금까지 계약을 맺은 기업만 50개 이상. 이 회사의 응우옌 스렁 손(Nguyen Truong Son) 부사장은 외국 기업들의 편의성을 위해 산업 공단의 서비스 품질을 높이는 일이 관건이라고 하면서, 이 분야 회사들끼리의 경쟁도 치열해지고 있다고 말한다. 국도와 연결되는 교통망, 발전소, 상수도, 소방 시스템 등 기본적인 인프라가 다 구축된 상태지만 폐수 처리 시스템 확장 등 추가적인 시설을 위해 협력업체들이 활발히 움직이고 있다.

현지 서민들의 삶과 동네 풍경도 바뀌었다. 8년 전만 해도 비만 오면 홍수가 나는 가난한 시골동네였던 마을에 공단이 들어서면서 전국에서 몰려온 사람들로 북적이기 시작했다. 주민들의 상당수가 공단에 취직을 해서 월급을 받으며 안정적으로 살게 되었고, 타지에서 모여든 노동자들로 인해 하숙집도 많이 생겼다. 공단 근처 마을에서 하숙집을 운영하는 래 쑤안 빈(Le Xuan Binh)의 집에는 10개의 방에서 20여 명의 공단 근로자들이 숙식을 해결한다. 그중 3분의 2가 삼성에 다니는 근로자들이라고 한다. 그는 마을의 변화가 믿기지 않을 정도라고 말했다.

"옛날에 주민들의 평균 수입은 한 달에 10만 동이 안 되었는데, 삼성이 들어오고 나서는 인근 주민 1인당 한 달 수입이 80만 동에서 100만 동(약 5만 원)이 되었죠. 예전에는 업체가 많이 없었는데, 지금은 중소기업이나 가게들이 많이 들어왔어요."

베트남 내의 삼성 공단에서 근무하는 직원 수만 10만 명(출처 : KOTRA)에 달해 베트남 최대의 외국인 투자기업으로서 막대한 고용창출을 이루고 있다. 베트남 정부에서도 법인세를 파격적으로 감면해주는 등 투자를 적극 지원하고 있다.

베트남 북부의 항구도시이자 수출입 물류의 주요 거점인 하이퐁에는 LG전자의 생산기지가 있다. 상암 월드컵 경기장의 3.5배 규모인 하이퐁(Haiphong) 단지에서 생산된 전자제품은 내수용과 수출용을 합쳐 하루 평균 250만 톤씩 하이퐁 항구로 모여든 다음 전 세계로 수출된다. 하이퐁 항구는 수출 기업을 위해 대형 컨테이너 화물선의 입출항이 가능하도록 확장되었고, 베트남 정부의 세제 혜택도 받을 수 있다.

1993년 LG전자가 베트남에 진출했을 당시의 주된 목표는 내수시장 공략이었다. 베트남 내수시장의 성장속도가 점차 빨라질 것을 예상했기 때문이다. 그러나 이제는 더 이상 내수시장만이 관건이 아니다. 베트남 LG전자의 박재룡 상무는 최근 중국의 환경이 변화한 이후 내수뿐만 아니라 글로벌 생산기지로 거듭났다며 다음과 같이 설명했다.

"그동안은 글로벌 수출기지를 중국으로 해왔습니다만 최근 중국의 급여 인상이라든지 여러 가지 상황 때문에 포스트 차이나 전략으로 베트남을 택했습니다. 베트남은 중국에 비해서 여러 가지 노동의 질이나 가격적인 측면에서 유리하고 물류적인 측면에서는 중국과 유사합니다."

최근 중국 경제가 급부상하면서 중국산 제품에 대한 선진국의 규제가 강화되고 있는 반면, 베트남의 경우 선진국의 규제가 거의 없는 상황. 박재룡 상무는 "1990년대 말 중국이 그랬듯이 베트남 정부 역시 경제성장에 필요한 외국기업 유치를 위해 적극 협조해 많은 규제들을 풀어주고 있으며, 물류나 도로, 항만 같은 인프라도 빠른 속도로 개선되고 있다"고 말했다.

더구나 베트남은 한국에 대한 호감도가 매우 높아 한국 기업들이 사업을 하기에 좋은 조건을 가진 나라다. 내수시장이 계속 성장하고 있는 데다 풍부한 양질의 노동력 때문에 글로벌 대기업들이 물밀 듯이 들어오고 있는 베트남에서 이미 각국의 브랜드들이 치열한 마케팅 전쟁을 벌이고 있다.

최근 LG전자는 하이퐁 경제특구에 80만 제곱미터 규모의 글로벌 생산기지를 세우고 2028년까지 15억 달러를 투입할 것이라고 밝혔다. 기존의 공장들을 통합한 본격적인 수출 전진기지가 될 예정이다.

기업이 베트남을 선택하는 이유

아세안 국가들 중에서도 특히 베트남이 각광을 받고 있는 데에는 여러 이유가 있다. 우선 인구 9,000만 명의 내수시장이 매년 무서운 속도로 성장 중이라는 점이다. 실제로 CLMV(캄보디아, 라오스, 미얀마, 베트남) 4개국 중 베트남의 2014년도 GDP는 1,878억 달러로, 라오스(117억 달러), 캄보디아(169억 달러), 미얀마(653억 달러)보다 훨씬 높다.

또한 아직까지 다른 아세안 국가들보다 임금이 낮은 편이다. 최근 베트남 근로자의 평균 최저임금은 월 310만 동(약 16만원) 정도. 인건비가 낮고 노동생산성이 높은 편이라 글로벌 기업들이 이윤을 내기 유리하다.

베트남 정부의 투자 지원도 중요한 요소다. 해외기업에 대해 파격적인 법인세 면제 및 감면 혜택을 제공하며 특히 하이테크 관련 산업에 대해서는 더욱 적극적으로 세액을 감면해준다. 삼성의 경우 베트남에 진출한 첫 4년간 10%의 법인세 면제를 받고 그 후 9년간 50%를 감면받았다. 도로, 물류, 전기 등 인프라가 좋아 수출환경도 우수한 편이다.

그래서 인텔 10억 달러, 마이크로소프트 3억 달러 등 여러 글로벌 기업들의 투자가 이어지고 있다. 파나소닉과 시티즌, 후지제록스, 유니클로 등도 중국에서 철수해 베트남으로 이미 진출했거나 진출하고 있는 기업체들이다. 박닌 성에 생산기지를 세운 태국의 팍스콘도 50억 달러를 투자해 시설을 확장 중이며, 대만의 콤팔과 킹텍 등도 베트남에 공장을 세우고 있다.

일본의 전산기업 '니덱'은 이미 10여 년 전인 2005년에 중국을 떠나 베트남에 둥지를 틀었다. 중국의 인건비가 오르고 정부의 규제가 심해지면서 선택한 길이었다. 니덱 베트남의 미야노 마사히코 대표는 베트남으로 생산 공장을 옮긴 후 회사의 성장 목표를 더 높게 설정할 수 있게 되었다고 말했다. 이 회사 역시 예전에는 중국을 중심으로 제조했으나 중국의 인건비 인상과 동남아시아의 현저한 성장세를 이유로 공장을 베트남으로 옮겼다.

베트남을 세계 최고의 하이테크 생산기지로 만들겠다는 베트남 정부의 노력도 이어지고 있다. 호치민 북동쪽에 913헥타르(270만 평) 규모의 '사이공 하이테크 파크(SHTP : Saigon Hi-Tech Park)'를 만들었고, 중부지역에는 한국의 울산공단을 참조한 1,129헥타르 규모의 '다낭 하이테크 파크(DHTP : Danang Hi-tech Park)'를 조성하고 있다. SHTP에 들어선 인텔은 컴퓨터 칩을 연간 8억 개 이상, 전 세계 생산량의 80%에 해당하는 양을 생산하겠다는 계획을 밝혔다.

그러나 맥킨지의 프레이저 톰프슨은 낮은 임금만으로는 아세안 각국의 성장에 한계가 있을 것이라고 지적한다. 중국보다 아세안이 임금이 낮은 것은 사실이지만 노동생산성이 높지 않은 것이 문제라며 그는 다음과 같은 의견을 피력했다.

"경제성장은 2가지 근원에서 오는데요, 노동인구를 증가시키거나 생산성을 향상시키는 것입니다. 이제까지 아세안은 생산성보다는 노동인구 증가에 훨씬 많이 의존했습니다. 지금까지는 낮은 임금 비용으로 자본화를 이룰 수 있었지만 그것은 머잖아 끝날 것입니다. 예를 들어 베트남은 상대적으로 적은 노동비용, 투자를 장려하는 정부 정책, 거대 소비시장인 중국과 인접한 위치 등으로 인해 지난 10년간 다른 아세안 회원국들보다 빨리 성장했습니다만,

베트남의 제조업체들은 중국 업체들의 10% 정도에 해당하는 결과물밖에 생산하지 못했죠."

즉 경제성장을 지속하려면 생산성 자체를 크게 향상시켜야 한다는 것이다. 생산성을 향상시키기 위한 방안으로 톰프슨이 꼽은 것은 기술 교육과 물류 개선이다. 근로자의 기술 수준을 지금보다 업그레이드시키고, 빅데이터나 3D프린팅 같은 신기술을 적극 활용하며, 제조업 생태계 자체를 폭넓게 변화시켜야 지속적인 발전이 가능하다고 그는 말한다.

그런 의미에서 베트남의 젊은 인력들의 질적인 수준이 높아지고 있는 것은 주목할 만한 현상이다. 베트남에 진출한 한국 대기업에서 근무하는 현지 직원들의 평균 연령은 20대 중반. 기술 습득 속도와 능력이 훌륭하고 업무 순응도가 높은 데다 영어 실력도 출중한 젊은이들이 많다. 이는 베트남 명문대학 출신의 고급인력들의 취업 희망 1순위가 바로 글로벌 기업들이기 때문이다.

LG전자의 휴대전화 생산부서에서 일하는 27세의 다오반타이는 글로벌 기업의 전문적인 근무환경과 높은 연봉을 주된 지원 동기로 꼽으면서 "베트남의 명문대학을 졸업한 친구들 대부분이 LG 같은 글로벌 업체에서 일하기를 원한다"고 말한다. TV 생산라인에서 일하는 28세 여직원 찡 프엉타오는 대학 졸업 후 세 번째 직장으로 LG에 취직해 가족의 자랑이 되었음은 물론이고 주변 친구들의 부러움을 많이 샀다고 한다.

"베트남의 전자제품 상점에서 LG제품을 판매하는 것을 보거나 외국영화나 드라마에 LG제품이 나오는 것을 보면 '아, 나도 그 제품을 생산하는 데 조금이나마 힘이 되었구나' 하고 자랑스러울 때가 있어요."

호치민기술대학 등 베트남의 여러 대학에서는 매년 수천 명의 우수인력이 쏟아져 나오고 있다. 이들 젊은 인력은 가까운 미래에 뛰어난 인재로 성장하여 아세안을 하청기지를 넘어 세계 산업의 허브로 만들어줄 숨은 동력이 될 것이다.

아세안에 진출하는 기업이 유의해야 할 점

베트남을 포함해 아세안은 질 좋은 인적 자원, 인건비, 내수시장 성장, 지리적 이점, 뛰어난 물류 인프라, 정부의 투자 지원 등 여러 요소로 인해 글로벌 기업들의 시너지 효과를 낼 수 있는 곳으로 여겨지고 있다. 아세안에 대한 외국인 직접투자 규모는 2000년 이후 연평균 14%씩 증가하여 2013년에는 중국을 앞서기 시작했다.

중국 푸단대학교의 글로벌 투자 및 무역센터 주임을 맡고 있는 위엔탕쿼 교수는 글로벌 기업들의 아세안으로의 이동 현상은 2008년 금융 위기 이후 전 세계의 경제 국면에 변화가 도래하면서 본격화되었다고 설명했다. 이 시기 중국도 사회 제도가 일부 바뀌면서 여러 기업들이 동남아 지역으로의 이전을 결정했는데 주된 원인은 임금이었다. 특히 노동 집약형 산업인 섬유나 신발 같은 경우 동남아시아로 많이 이전했다.

"2008년 전후는 특히 아시아 지역의 경제 촉진에 있어 아주 좋은 성장기였습니다. 아시아에는 가치 사슬 분업이라는 것이 있습니다. 즉 서로 다른 부속품을 만들어 하나의 상품으로 만든 다음 유럽이나 미국 시장에 파는 것입니다. 서로 도와주는 아시아 생산 라인이 생겨난 거죠. 앞으로 아시아는 이 방향대로 발전해야 합니다."

위엔탕쿤 교수는 아시아는 서로 경쟁하는 관계가 아니라는 점을 강조하며, 이제 아시아 전체를 '세계의 공장'이라 불러야 할 것이라고 말했다. 예전에는 중국을 세계의 공장이라고 불렀지만 사실 중국의 생산력이라는 것도 아시아 전역의 생산 라인을 포함한 것이었다. 그는 아시아 각 지역 간의 생산 라인이 밀접해짐과 동시에 거대한 소비시장이 발전한다면 아시아뿐 아니라 전 세계 경제에 막강한 영향을 끼치게 될 것이라고 말했다.

이러한 이유로 전문가들은 글로벌 기업들이 차세대 경제블록인 아세안 10개국에 투자함으로써 기회를 잡을 수 있을 거라고 조언하고 있다. 아세안의 경제 성장률은 보고서에 따라 5.5~9.5%로 차이는 있지만, 평균 성장률을 8%로 가정할 때 향후 8년 안에 지금의 2배로 성장할 것으로 예상된다. 이와 같은 성장을 위해서는 지속적인 투자, 기술, 전문가들이 필요하기 때문에 아세안 국가들

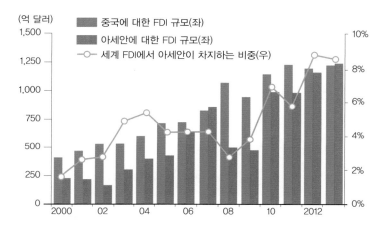

아세안으로의 FDI(해외직접투자액)

(억 달러)

- 중국에 대한 FDI 규모(좌)
- 아세안에 대한 FDI 규모(좌)
- 세계 FDI에서 아세안이 차지하는 비중(우)

＊2000년 이후 연평균 14.1% 증가(세계 FDI의 8.6% 차지)
＊출처 : UNCTAD

은 외국 기업들의 투자를 환영하고 있다.

단, 아세안 투자를 위해서는 기업들이 반드시 유의해야 할 점들
이 있다. 우선 투자 지역을 잘 선정하는 것이 중요하다. 아세안의
제조 환경은 전반적으로 좋은 편이지만 국가별로 상황이 다르기
때문에 어느 지역이 자사의 운영과 생산에 있어 최적의 장소인지
를 선별할 수 있어야 한다.

AEC 회원국들은 기반시설 수준도 편차가 매우 크다. 예를 들어
말레이시아, 태국 등은 도로 시스템이 발달되어 있지만 그렇지 않
은 나라들도 있다. 기반시설이 잘 갖춰져야 사람과 제품의 움직임

을 파악할 수 있으므로 투자가 당연히 필요할 터. 글로벌 기업들에게는 이 모든 것이 기회로 작용하는 상황들이다. AEC가 기술의 유통을 자유롭게 해주는 역할을 하는 가운데, 제조업체들은 자원과 생산설비비용의 효율성을 고려해 어디에 자리를 잡아야 이득이 될 것인지를 재빨리 결정해야 한다.

변화에 대비하는 것도 중요하다. 맥킨지의 프레이저 톰프슨은 아세안의 변화가 매우 빠르다는 점을 기업들이 주의해야 한다고 이야기한다. 아세안은 산업화 및 도시화가 진행되는 중이기 때문에 변화 속도도 빠르다. 이제까지 아세안에 진출한 기업들은 대개 수도나 대도시에만 집중되어 있었지만, 소비의 중심지가 앞으로는 중소도시들로 옮겨갈 전망이기 때문에 기업들도 이제는 대도시만이 아니라 중소도시에 접근해야 한다는 것이 톰프슨의 견해다. 아울러 인구 통계학적으로 볼 때도 아세안 각국의 차이가 크다는 점을 유의해야 한다. 아세안의 인구가 전반적으로 젊은 것은 사실이지만, 좀더 자세히 살펴보면 필리핀, 미얀마, 인도네시아가 상대적으로 더 젊고 태국, 싱가포르는 고령의 소비층이 더 많다.

전문가들은 한국의 경우 일찍이 산업화를 이루며 중공업, 소비재, 패션, 기술에 대한 많은 경험을 가지고 있기 때문에 아세안 지역 투자에 유리하다고 이야기한다. 한국의 기업들이야말로 AEC 출범으로 아세안에서 성장의 기회를 찾을 수 있다는 것이다. 이와 관련해 필립 리는 다음과 같이 말했다.

"한국 브랜드들은 아세안에 아주 잘 알려져 있어요. 케이팝(K-pop), 케이드라마(K-drama) 등은 강력한 소프트파워를 갖고 있죠. 중요한 것은 아세안에서 한국은 신뢰받는 브랜드 네임이라는 점입니다. 자동차, 기술, 패션, 라이프스타일 제품들 전반에 걸쳐서요."

이미 많은 한국 브랜드들이 아세안으로 진출하고 있지만, 더 많은 한국 회사들이 AEC에 관심을 갖고 아세안에 진출해 '아세안의 얼리어답터들'을 만나기를 바란다고 그는 덧붙였다.

04

초광역 경제권을
형성하다

국경을 넘나드는 출근전쟁

오토바이 한 대가 새벽 공기를 가르며 달린다. 오토바이가 도착한 곳은 고속버스 터미널. 이른 아침인데도 줄은 이미 끝이 보이지 않는다. 말레이시아에 사는 20대 여성 라지 수아리가 국경을 넘어 통근버스를 타고 싱가포르로 출근하는 매일 아침의 풍경이다.

"월요일 아침에는 항상 이렇게 사람이 많아요. 저녁 퇴근 시간대에도 마찬가지고요. 오늘도 새벽 6시에 일어나서 아침도 못 먹고 서둘러 집을 나섰는데 역시나 줄이 길어요."

국경 검문소를 거쳐 한참 줄을 서고 기다린 끝에 라지는 겨우 버스에 오를 수 있었다. 출근하는 데만 3시간 넘게 걸리기 일쑤. 버스와 승용차와 오토바이로 통근하는 인파 때문에 교통체증이 늘 심

말레이시아에서 싱가포르로 출근하기 위해 오토바이로 이동하는 사람들

하다고 한다.

이처럼 매일 아침 말레이시아에서 싱가포르로 이동하는 사람은 50만 명에 이르는 것으로 추정된다. 싱가포르에서 일할 수 있는 취업비자만 있으면, 국경지역에 있는 '우드랜드 체크포인트'의 검문소를 통해 국경을 넘어가는 것은 어려운 일이 아니다. 검문 절차도 간단하다. 싱가포르로 통근하는 사람들은 세관 특별 출입구에서 스마트카드를 단말기에 갖다 대기만 하면 된다. 말레이시아 산업진흥청(MIDA)의 모하맛 아리프 청장의 말처럼 '국경을 통과하는 것이 마치 회사에 출근 카드를 찍는 것과 마찬가지'다. 검문소를 지나 터미널에서 버스를 타거나 오토바이를 타고 간편하게 싱가포르로 입국할 수 있다. 다만 매일 아침 8시 무렵이면 말레이시아에서 몰려든 인파로 북새통을 이루기 때문에 줄을 오래 서거나

차가 막히는 것쯤은 각오해야 한다.

라지가 3시간 넘게 걸려 출근하는 직장은 싱가포르에 있는 한 호텔. 처음 싱가포르에 왔을 때는 청소부로 일했고, 그 후 이탈리안 레스토랑에 취직했다가 얼마 전 이 호텔로 이직했다고 한다. 그녀는 자신의 경우 상황이 무척 좋아진 것이라고 한다. 객실을 정리하고 손님들에게 서비스하는 일들이 아직은 서툴지만 열심히 배우며 일하고 있다. 힘든 출퇴근을 감수하고 굳이 싱가포르에서 일자리를 구한 데는 이유가 있다. 임금 때문이다.

"말레이시아에서는 하루 12시간 일하고 1,400링깃(42만 원) 정도 받아요. 그런데 싱가포르에서 같은 시간 동안 일을 하면 싱가포르 달러로 1,400달러(116만 원)를 받죠. 말레이시아 링깃으로 환전하면 2배인 금액이에요. 말레이시아에서 일하면 저 혼자도 제대로 못 챙기지만 싱가포르에서 일을 하면 우리 가족 뒷바라지를 할 수 있어 도움이 되지요."

아직 구직 중인 다른 형제들을 대신해 혼자 가족을 부양하고 있는 그녀에게 싱가포르는 기회의 땅이다. 말레이시아에서 받는 급여로는 집 임대료를 내거나 저축을 하기 어렵지만 싱가포르에 취직한 후로는 오토바이도 사고, 저축도 하고, 부모님에게 용돈도 드릴 수 있게 됐다. 앞으로 집과 차를 사서 가족을 부양하겠다는 꿈도 생겼다.

라지가 호텔에서 하루 일과를 마치고 다시 국경을 넘으면 출

매일 국경을 넘나들며 출퇴근하는 라지. 라지의 언니도 싱가포르에서 간호사로 일하기 위해 이력서를 내고 기다리는 중이다.

근길에 오토바이로 터미널까지 태워줬던 언니 릴리 수아리가 퇴근 시간에 맞춰 다시 동생을 마중 나와 있다. 고생하는 동생을 위해 기사 노릇을 해주는 것이다. 자매는 함께 오토바이를 타고 귀가한다. 릴리도 싱가포르에서 간호사로 일하기 위해 이력서를 넣고 기다리는 중이다. 취직이 바로 되지 않는 것은 쿼터 제도, 즉 싱가포르 회사에서 직원을 고용할 때 싱가포르인과 말레이시아인의 비율을 규제하여 일정 인원 수의 말레이시아인에게만 취업을 허가하는 규정 때문이다. 싱가포르에서 일한 경험이 있는 릴리도 말레이시아가 아닌 싱가포르 직장에 다시 취직하기를 원하고 있었다. 최근 말레이시아에 모든 상거래에 6%의 세금이 붙이는 GST(Government Service Tax) 제도가 생긴 후로는 더 많은 사람들이 싱가포르 국경을 넘고 있다. GST가 생기기 전에는 생산자만 세금을 냈지만 이제는 물건을 사는 소비자도 세금을 내야 한다. 물가와 세금은 오르는데 노동자 급여는 낮기 때문에 많은 사람들이 힘든 출퇴근을 감수하고라도 싱가포르에 취직하기를 원하는 것이다.

가족이 좀더 잘 살게 되기만을 바랄 뿐이라는 라지 자매의 소망처럼, 자유롭게 국경을 넘나들 수 있는 아세안의 환경은 점점 더 새로운 가치를 만들어내고 있다. 이들 가족의 소박한 꿈이 걸려 있는 국경지대, 즉 말라카 해협을 사이에 두고 싱가포르, 말레이시아의 조호르 주, 인도네시아의 리아우 주를 포함한 초광역 경제권이 형성되고 있는 이 일대는 '시조리 성장 삼각지대'라고 불리는 곳이다.

'시조리(SIJORI)'라는 명칭은 각 나라의 접경지역인 싱가포르(SI), 조호르(JO), 리아우(RI)의 이니셜을 조합한 것이다. 1989년 싱가포르 고촉통 전 총리의 제안으로 형성된 시조리 삼각지대는 6,891제곱킬로미터 면적에 약 870만 명의 인구가 산다(2010년 기준). 최근에는 50만 명 이상이 국경을 넘어 자유로이 출퇴근을 하고 있다. 자본력이 뛰어난 싱가포르에 주변 국가들의 풍부한 노동력이 대거 유입되면서 글로벌 산업지대로 발전했다. 자본, 노동력, 토지가 어우러져 말 그대로 경제와 산업 성장의 삼각지대로 부상한 것이다.

싱가포르, 말레이시아, 인도네시아가 만나고 있는 말라카 해협

문명의 교차로 '말라카'의 어제와 오늘

싱가포르 동남아 연구소(ISEAS)의 선임연구원 프랜시스 허친슨은 시조리 삼각지대에 속한 세 지역이 역사적으로 세계 주요 무역로의 교차점이라고 설명했다. 첫 번째 루트는 말라카에서 싱가포르 하단을 통해 남중국해로 이어지는 길이고, 두 번째 루트는 인도네시아 동부에서 말라카를 통해 인도해로 빠지는 길이다.

이러한 전략적 위치 때문에 이 지역에는 15세기부터 무역망이 형성되었다. 1700년대부터 1824년까지 조호르-리아우 왕국이라는 정치 체제가 존재했고, 1824년에는 영국과 네덜란드가 이 지역을 나눠가졌다. 1960년대 초까지만 해도 리아우 섬과 싱가포르 간에 교류가 원활했으나, 1963년 인도네시아, 말레이시아, 싱가포르 사이의 갈등으로 인해 국경이 강화되었고 1960~1970년대에는 말레이시아와 인도네시아 사이에 관세 장벽도 생겼다. 그러다 1980년대 중반부터 이 지역으로 중국 투자 물결이 들이닥치면서 이 세 지역이 하나의 시장으로 묶이기 시작했다.

시조리 삼각지대가 형성된 말라카 해협은 말레이시아와 인도네시아 사이에 있는 950km 길이의 해협이다. 이 말라카 해협에 면해 있는 말레이 반도 남서부의 항구도시 말라카는 15세기 향료 교역의 중심지로 서구 열강의 길목이 된 이래 수백 년간 아시아에서 제일가는 무역항이었다. 유서 깊은 국제적 요충지로서 이슬람과 가톨릭이 전파된 첫 길목이자 동남아시아 식민지의 역사가 시작된 곳이며, 피부색도 다르고 언어도 다른 수천 명의 외국 상인들이 오가며 동서양이 만났던 문명 교류의 통로였다. 그리고 지금까지도 세계 해상무역의 반 이상이 집중되어 있는 곳이다.

400년간 유럽의 식민 지배를 받은 말라카는 동서양 여러 문화권이 공존하는 독특한 문화가 꽃을 피운 곳이다. 이곳을 침략한 포르투갈, 네덜란드, 영국의 문화와 유적이 도시 곳곳에 이색적인 흔적을 남기고 있을 뿐만 아니라 그 후손들이 자신들만의 문화를 오늘날까지 이어오고 있다. 15세기경에 건너온 포르투갈 후손들 1,000여 명이 사는 포르투갈 마을도 그중 하나다. 이들의 몸속에는 말레이인과 포르투갈인의 피가 흐르고 있는데, 포르투갈 조상들처럼 로마 가톨릭을 신봉하고 포르투갈어를 쓰며 자신들만의 독특한 의상과 춤 등 전통 풍습을 고수하고 있다. 그런가 하면

말라카의 포르투갈 마을. 카톨릭을 믿으며 포르투갈어를 쓴다.

1753년 네덜란드 사람들이 고국에서 가져온 돌로 지은 '크라이스트 처치'는 오늘날 말라카에서 가장 오래된 네덜란드 풍 교회이자 기독교 문화유적으로 꼽힌다. 말라카 유일의 순수 말레이계 사람들이 사는 전통마을 캄풍 모르텐(Kampung Morten)은 200년 이상된 목조 가옥으로 유명하며, 주석광산 노동자로 말레이 반도에 온 중국인 남성(baba, 바바)과 말레이 여성(nonya, 논야) 사이의 후손 '페라나칸(Peranakan)'이 거주하는 말라카 강 서쪽의 툰탄쳉록 거리(Jl. Tun Tan Cheng Lock)는 중국계 이주민들의 역사가 살아 있는 곳이다. 오늘날 고급 수제 주석제품으로 유명한 '로열 슬랑오르(Royal Selangor)'에는 열대지방의 광산에서 땀과 눈물을 흘렸던 이들 말레이 화교들의 역사가 서려 있다.

　이처럼 말라카에는 말레이시아, 중국, 인도, 유럽의 문화와 역사가 어우러져 오늘날까지 남아 있다. 매년 5월 말레이시아 전역에서는 원주민과 이주민, 지배계층의 후손과 피지배계층의 후손 등 다인종, 다문화, 다종교가 공존하는 말레이시아의 화합을 기리는 '컬러 오브 말레이시아'라는 축제가 열린다.

수백 년 전부터 동서양이 뒤섞이고 교류하던 말라카는 오늘날 새로운 가치를 낳고 있다. 식민지배와 이주민의 아픔을 뛰어넘은 주체적인 동남아시아의 역사가 탄생하고 있는 것이다. 다양한 인종과 종교, 문화는 오히려 동남아시아를 유연하게 만들었고, 여러 가치관들의 혼재와 복잡한 환경은 발전의 장애물이 아니라 오히려 장점으로 승화되었다.

최근에는 말라카 해협을 끼고 있는 싱가포르, 말레이시아, 인도네시아의 경제협력으로 인하여 인적 교류가 자유화되고 무역과 투자 열기가 뜨거워지면서 산업적 네트워크를 구축하게 되었다. 세 나라의 협력으로 만들어진 '시조리 삼각지대'는 말라카 해협을 세계 산업과 물류의 주요 거점으로 부흥시키며 새 역사를 만들고 있다.

물류와 산업의 전초기지가 되기까지

말레이시아 남부 조호르 주의 파시르구당(Pasir Gudang) 지역은 20여 년 전만 하더라도 한적한 시골이었다. 그러나 지금은 수십 개의 글로벌 기업들이 들어선 첨단 공업지역으로 변모했다.

파시르구당의 산업단지에 들어선 기업 중에는 한국 철강업체 '고려제강'의 와이어 제조공장인 '키스와이어(Kiswire)'가 있다. 1989년에 이곳에 진출한 키스와이어는 2014년도 매출이 약 3,400억 원에 이르러 이 지역에서 성공한 외국기업으로 손꼽힌다. 현재 동남아시아, 인도, 유럽, 미국 등 전 세계 60개국으로 철강 와이어 제품을 수출하고 있다. 키스와이어의 박창희 부사장은 이 지역이 기업 활동을 하기에 최적의 환경을 갖추고 있다며 다음과 같이 설명했다.

"조호르 주에는 자체 항만과 공항이 갖춰져 있고, 금융과 무역 인프라가 발달한 싱가포르가 근접해 있기 때문에 물류 기지로서의 이점이 많습니다. 인건비가 저렴하며 영어가 거의 불편 없이 사용되는 점도 장점입니다."

그가 말한 것처럼 글로벌 기업들과 협력업체들이 100여 개 이상 들어와 있는 이곳의 가장 큰 장점은 지리적으로 무역과 물류에 유리하다는 점이다. 풍부한 노동력도 노동력이지만 싱가포르, 대만, 홍콩, 인도, 한국, 중국, 일본 등과 사통발달로 통해 있는 이점을 많은 기업들이 활용하고 있다.

이러한 물류 거점으로서의 지리적 장점을 두 눈으로 확인할 수 있는 장소가 바로 말레이시아의 큰 항구들이다. 거대한 화물선과 컨테이너들이 들어서 있는 포트클랑(Port Klang) 항구는 전 세계

아시아와 유럽 항로를 잇는 말레이시아 제1항구 포트클랑은 아세안 시장이 확대되면서 물류의 거점으로 떠올랐다.

120개국 500개 이상의 항만이 있는 말레이시아 제1항구다. 이곳은 아시아와 유럽의 관문인 말라카 해협으로 들고 나는 환적화물량이 매년 꾸준히 증가함에 따라, 말레이시아 경제성장 및 아세안 물류산업 성장을 상징하는 장소가 되었다.

말레이시아 정부에서는 국내 항만들의 화물을 포트클랑 항구에 집중시켜 이곳을 화물 물동량 집중항이자 환적 중심항으로 육성시키는 화물집중정책을 추진했다. 그 결과 말레이시아 전체 항만 물동량의 46%를 처리하는 중심지가 되었다. 최근에는 대형 크레인 수십여 대를 새로 구입하는 등 늘어나는 항만을 수용하기 위한 노력도 계속되고 있다. 이곳 포트클랑의 항만 중 100년 넘는 역사를 가진 가장 오래된 항만으로 꼽히는 '노스포트(North Port)'의 루바니 항만청장은 "최근 들어 화물량과 컨테이너가 부쩍 늘어났다"면서 현재 노스포트 항만에서만 560만 톤의 화물을 수용하고 있다고 말했다.

그런가 하면 산업과 관광이 모두 발달한 곳도 있다. 싱가포르에서 배로 1시간쯤 떨어진 곳에 위치한 인도네시아 빈탄 섬. 이곳은 시조리 경제권이 통합되면서 빠른 성장세를 보이고 있는 곳 중 하나로, 싱가포르와 인도네시아 정부의 협력으로 개발되었다. 인도네시아 입장에서는 고용과 투자를 끌어들일 수 있고 싱가포르 입장에서는 관광산업을 확장할 수 있어 상생할 수 있는 조건이다.

이 섬에서는 초대형 리조트 '트레저베이 빈탄(Treasure Bay Bintan)'이 완공을 앞두고 있었다. 338헥타르 규모의 부지에 각종 스포츠와 레저시설, 5성급 호텔 수준의 연회장과 스파를 갖춘 클럽하우스가 있고, 다양한 크기의 고급 빌라도 146채가 세워질 예정이다. 골프코스와 해양스포츠 시설은 기본이고, 3.3헥타르 규모의 야외 인공수영장 '크리스털 라군'은 동남아시아 최초이자 최대 규모다.

　이 고급 빌라들은 주거용과 별장용을 겸한다. 가까운 곳에서 휴가를 보내고자 하는 싱가포르인들이나 싱가포르에 거주하는 외국인들, 혹은 인근 산업단지에 직장을 갖고 있는 관리자들이 가족과 함께 주말을 보낼 수 있도록 만들었다. '빈탄 리조트 인터내셔널'의 마케팅 책임자 아세드 쉬라스는 '집에 온 것 같은 편안함과 휴양지의 레크리에이션'이라는 2가지 성격의 시설들을 모두 갖췄다며 이 지역이 아세안 상업과 관광의 최대 중심지가 될 것이라고 말했다. 실제로 싱가포르에서 대도시를 즐긴 후 빈탄으로 넘어와 휴양을 즐기는 관광객이 늘고 있다고 한다.

　물론 이 지역의 성장이 관광산업에만 있는 것은 아니다. '세계의 공장'을 불러들이기 위한 노력도 동시에 진행되었다. 싱가포르 자본에 의해 조성된 빈탄 산업단지(Bintan Industrial Estate)가 그것이다.

　빈탄 산업단지는 인도네시아와 싱가포르 정부의 협약에 의해 1994년 조성된 후, 2007년도에 자유무역지역으로 지정되었다. 자유무역 지속기간은 2077년까지. 인도네시아의 풍부한 노동력에 싱가포르의 자본력이 결합하여 아세안과 유럽을 공략할 산업단지로 자리 잡았다. 270헥타르의 부지에 발전소나 폐기물시설 같은 인프라가 구비되어 있고, 근로자들을 위한 주택과 편의시설이 들어서 있다. 자체 항구가 있어 물자 수송에 유리하고 곧 국제

빈탄에 위치한 초대형 리조트. 아직 다 짓지도 않았지만, 146채 중 20채가 이미 판매되었다.

공항도 들어설 예정이다. 인구 30만 명에 이르는 빈탄 섬 현지인들은 산업단지가 들어선 후 일자리를 구할 수 있었고, 기업들은 저렴하고 풍부한 노동력을 확보할 수 있었다. 조선, 항공, 전자, 정밀부품 등을 생산하는 19개 기업이 빈탄 산업단지에 진출해 있다.

빈탄 산업단지보다 조금 앞서 조성된 또 하나의 주요 산업단지는 빈탄 섬 바로 옆의 바탐 섬에 있는 바탐 산업단지(Batamindo Industrial Park)다. 빈탄 섬과 마찬가지로 휴양시설과 산업시설이 있는데 싱가포르에서는 빈탄보다 좀더 가까워 배로 30여 분밖에 안 걸린다. 바탐 산업단지는 1991년에 조성된 후 빈탄과 마찬가지로 자유무역지역으로 지정되었다. 320헥타르 부지에 필립스, AT&T, 마쓰시타 등 미국, 유럽, 일본, 싱가포르의 73개 주요 기업들이 진출하여 5만 7,000여 명의 노동인력을 고용하고 있다.

이곳에 진출한 인도네시아 기업 '사트 누사페르사다(Sat Nusapersada)'는 최근 자체 스마트폰 브랜드 아이보(Ivo)를 내놓아 화제가 됐다. 주로 마이크단자 등 부품을 생산하여 소니, 파나소닉, JVC 등 글로벌 회사에 납품해왔는데, 바탐 섬에 들어와 주 고객 기업들과의 근접성을 바탕으로 빠르게 성장했다.

빈탄과 바탐을 동남아시아 대표 관광지이자 산업단지로 만들겠다는 야심찬 계획은 싱가포르의 자본력과 인도네시아의 노동력이 합해짐으로써 그 빛을 발하고 있다.

자본력과 노동력이 맞잡은 상생의 네트워크

이처럼 세 나라는 서로의 존재로 인해 각자 여러 모로 이익을 얻고 있다. 선박 제조업만 해도 싱가포르에는 선박장을 지을 수 있는 공간이 없지만 근접해 있는 시조리 삼각지대의 해안지대에서 선박사업을 할 수 있고, 석유와 가스도 싱가포르가 실질적으로 생산하지는 않지만 주롱공원 해저에 가스를 저장하거나 조호르, 리아우 지역에 정제시설을 마련함으로써 석유와 가스 산업을 유지하고 있다.

삼각지대의 성장 동력 역할을 하는 나라는 싱가포르다. 수출 지향 산업 모델을 수용한 아시아 첫 번째 국가로서 고부가가치를 만들어내는 제조, 금융 산업이 활성화되어 있지만 영토와 노동력은 부족하다. 반면 말레이시아와 인도네시아는 땅이 넓고 노동력이 풍부한 데다 무엇보다도 싱가포르와 거리가 매우 가깝다. 이러한 이유로 자연스럽게 이 두 지역에 공장과 산업단지가 들어섰다.

세 국가 모두 수출 산업을 발전시키고자 하기 때문에 글로벌 기업들의 투자를 반긴다. 싱가포르는 1980년대부터 기술 집약적인 산업에 집중했고, 1990년대부터는 다국적 기업의 투자 확장을 장려했다. 그 결과 싱가포르 인접 지역에 빈탄, 바탐 같은 탁월한 산업단지들이 조성됐다. 바탐 섬과 빈탄 섬에서 생산되는 제품들은 '메이드 인 싱가포르'라는 이름으로 수출되지만, 이는 인도네시아와 말레이시아에게도 중요하다. 자국 노동자들에게 기술적 훈련을 시켜 활용할 수 있기 때문이다. 말레이시아도 2006년 이후 쿠알라룸푸르와 남부지역 개발에 초점을 맞추기 시작하면서 싱가포르와의 상호관계를 중시하기 시작했다.

그렇다면 이 지역의 성장 전망은 어떨까? 지금은 싱가포르에 부 (富)가 집중되어 있지만, 나머지 두 지역도 2030년까지 매년 6% 이상 성장할 것으로 전망되고 있다. 이미 말레이시아의 조호르 주 와 인도네시아의 리아우 주는 그들 국가에서 경제적으로 가장 빠 르게 발전하고 있는 지역들이다. 말레이시아의 경제 동력인 조호 르 지역의 경우, 석유 생산의 중심지이자 다양한 제조 산업이 발달 하고 있다. 전자 부문이 발달해 부가가치를 올리고 있고 최근 들어 부동산과 서비스 분야의 발전 속도도 심상치 않다.

싱가포르는 단순히 산업 생산지를 인접 지역으로 옮기는 것에 그치지 않고 더 높은 가치를 목표로 해야 한다는 점에서 다른 두 지역과는 차이가 있다. 싱가포르가 토지와 노동력에 제약이 있다 는 점은 변하지 않을 것이므로 아무리 나라가 더 부자가 되고 고 부가가치 산업에 착수하더라도 항상 외부로 나아가려는 움직임 이 있을 것이다. 반면 다른 두 지역은 싱가포르를 활용해 세계 시 장에 진출하려는 필요성을 갖고 있다. 이러한 이유들 때문에 시조 리 삼각지대는 앞으로도 상호 조화를 이루며 지속적으로 발전할 것으로 보인다. 프랜시스 허친슨에 의하면 "이러한 시너지 효과 덕분에 싱가포르는 전자, 선박, 석유·가스 산업의 해외 투자를 유치 및 유지할 수 있고, 다른 두 지역은 경제성장을 이룰 수 있었 다"고 한다.

세 나라 각각의 장단점과 욕구가 절묘한 상호작용을 이룬 결과가 바로 오늘의 시조리 삼각지대다. 아세안이 세계의 공장을 넘어 생산, 소비, 물류가 동시에 이뤄지는 '신 산업벨트'이자 거대한 허브가 되고 있음을 보여주는 가장 역동적인 사례라 할 수 있다.

레고랜드로 놀러오세요

경제 발전은 문화산업 분야에서도 예외가 아니다. 그 현장을 말레이시아 남부에서 찾을 수 있다.

말레이시아 남부의 이스칸다르 지역은 말레이시아 정부가 경제자유구역으로 지정하고 국제도시로 집중 육성하고 있는 곳이다. 싱가포르 창이국제공항과 가깝고 항구 등 인프라 구조가 좋아 글로벌 기업들이 모여들고 있다. 이 도시가 국제적으로 유명해진 것은 글로벌 테마파크 '레고랜드 말레이시아 리조트'가 들어서면서부터다.

레고랜드(Legoland)는 덴마크의 세계적인 장난감 레고를 바탕으로 만든 3~12세의 어린이를 대상으로 하는 테마파크다. 1968년 덴마크 빌룬에서 최초로 개장된 후 1996년 영국의 윈저, 1999년 미국 캘리포니아 등 전 세계에 6곳이 있는데 아시아에서는 말레이시아에서 문을 열었다. 영국 레저 전문기업인 '머린 엔터테인먼트'가 3,150억 원을 투자해 2012년 9월 오픈한 후 2013년 한 해에만 200만 명이 방문했을 정도로 인기를 끌고 있다. 하루

말레이시아에 위치한 글로벌 테마파크 레고랜드. 레고랜드를 유치하기 위해 말레이시아 정부는 총 투자액 2,250억 원 가운데 1,800억 원을 파격 지원했다.

5,000~6,000명에 이르는 방문객의 대부분은 인근 싱가포르와 인도네시아에서 국경을 넘어온 사람들을 포함한 아시아, 중동 사람들이다.

레고랜드 말레이시아는 위치 자체가 전략적이다. 아시아 시장의 중심부라는 탁월한 위치에 있기 때문이다. 비행거리 4시간 이내에 주요 도시들이 있고, 공항과 도로의 연결성도 좋다. 싱가포르 창이국제공항이 45분 거리에 있고, 투아스 고속도로는 10분 거리에, 조호르바루 세나이 국제공항은 30분 거리에 있어서 아시아는 물론이고 중동이나 호주에서 방문하는 사람들도 많다. 이러한 지리적 이점으로 인해 오픈 이후 3년에 걸친 매출 성과는 기대 이상이라고 한다. 아세안 시장이 그만큼 성장하고 있기 때문이다.

레고랜드를 방문하는 관광객들은 인근에 있는 말레이시아의 다른 관광명소에도 방문하는 경우가 많기 때문에 말레이시아 전체의 경제에 지대한 영향을 끼친다. 호텔과 워터파크 등 가족단위를 위한 시설을 갖춘 레고랜드가 기존의 말레이시아 관광자원들도 더욱 활성화시켜주고 있는 것이다.

말레이시아 레고랜드에 자주 놀러온다는 영국인 퍼챗 그라운로우드는 싱가포르에 있는 직장에 다니며 말레이시아 신도시에 집을 샀다. 싱가포르 달러를 벌어 말레이시아 링깃으로 쓰니 경제적으로도 이익이고 말레이시아의 이국적이고 여유로운 라이프스타일도 즐길 수 있어 좋다고 한다. 그는 최근 몇 년간 말레이시아 남부 지역의 개발 속도는 놀라울 정도라고 말했다.

"이곳은 10년 전만 해도 죄다 농장이었어요. 하지만 지금 여길 보세요. 믿을 수 없을 정도로 개발되었어요."

이스칸다르의 개발은 이 지역이 싱가포르와 가까워 각종 서비

아시아의 재능 있는 일반인을 선발하는 초대형 콘테스트 쇼 프로그램 〈아시아 갓 탤런트〉는 파인
우드 스튜디오 이스칸다르 지사에서 제작 및 촬영되었다.

스산업 수요를 흡수할 수 있다는 점에서 착안했다. 제조업만 키우
는 것이 아니라 서비스와 문화산업에도 투자하여 성장 동력을 끌
어올리겠다는 것이다. 아시아 최초의 레고랜드를 조성한 것도 그
러한 정책의 일환이다.

그런가 하면 이 지역은 영화산업의 중심지로도 부상하고 있다.
'제임스 본드' 시리즈로 유명한 영국의 영화제작사 파인우드 스튜
디오(Pinewood Studios)가 2013년 6월 이스칸다르에 지사를 설립
한 것이다.

촬영과 제작을 효율적으로 할 수 있는 대형 세트장과 TV 스튜
디오를 갖춘 이곳에서 오디션 프로그램인 〈아시아 갓 탤런트(Asia's
Got Talent)〉나 미국드라마 〈마르코 폴로〉, 중국 프로그램 〈로스트

인 더 퍼시픽〉 같은 해외 프로그램들이 제작 및 촬영되었으며 지금도 글로벌 제작사들의 촬영 예약이 끊이지 않고 있다. 가까운 곳에 열대 정글, 최첨단 도시, 소박한 어촌까지 있어 야외촬영을 하기에도 좋고 싱가포르 바로 옆이라 교통도 편리하다.

전 세계의 제작사들이 말레이시아 남부 신도시로 모여드는 이유는 말레이시아 정부가 말레이시아에서 촬영한 제작사에게 30%의 세금을 환급(cash rebate)해주는 파격적인 조건을 내세웠기 때문이다. 이스칸다르 파인우드 스튜디오 CEO인 레잘 라만은 이 정책에 말레이시아 자국민의 일자리 창출 요소가 포함되어 있다고 설명했다. 프로덕션 진행 과정에서 현지 인턴을 채용해야 한다는 조건이 포함되어 있다는 것이다.

"미국 드라마 〈마르코 폴로〉 같은 경우에는 말레이시아인을 579명 고용했어요. 이 분야 경험이 전혀 없는 사람들부터 필름 프로덕션 경험이 많은 전문 인력들까지요."

레잘 라만은 앞으로 한국과 중국, 일본, 인도의 영화 제작사들, 그리고 싱가포르 등 아시아에 기반을 둔 서양의 TV프로그램 제작사들을 적극 유치할 계획이라고 밝혔다.

2014년 6월 말 이스칸다르의 누적 투자 유치 금액은 47조 원. 말레이시아가 2012년 GDP 1만 달러를 돌파한 이후 지속적인 경제성장을 이루고 있는 밑바탕에는 정부의 이러한 문화산업 육성이 큰 몫을 하고 있다.

매일 수백 대의 버스와 승용차가 뒤엉켜 국경을 자유로이 드나드는 조호르바루의 검문소부터, 글로벌 문화산업의 새로운 중심지가 되고 있는 남부 신도시들까지. 말레이시아, 인도네시아, 싱가포르의 상생을 보여주는 풍경들은 아세안이 과거 서구 세력에 지배당했던 역사를 딛고 이제는 상호협력을 통해 새로운 전성기를 맞이했음을 보여준다.

05

아세안의 신산업, 할랄 시장

18억 명 할랄 시장을 주목해야 하는 이유

말레이시아 세렘반(seremban)의 거대한 공단에 자리 잡은 삼성전자는 사내에 무슬림 전용 기도실이 있다. 이 회사의 현지인 직원들은 남녀 별도로 설치된 기도실에서 무슬림의 생활습관대로 하루 다섯 차례 기도를 한다. 여성 직원들의 베일 착용에 대해서도 규제하지 않고, 매주 금요일에 모스크(사원)에 가서 낮 예배를 드려야 하는 남성 직원들을 위해 금요일 점심시간은 평소보다 좀더 길다. 아세안과 경제협력을 하기 위해서는 현지 문화에 대한 이해와 배려가 필요하다고 판단해서다.

아세안은 불교, 기독교, 가톨릭, 이슬람교 등 다양한 종교가 혼재하지만 전 세계 18억 명 무슬림 인구 중 16%에 해당하는 2억

말레이시아의 이슬람 사원

남자들은 매주 금요일에 모스크(사원)에 가서 낮 예배를 드린다.

4,000만 명이 사는 곳이기도 하다. 인도네시아는 2억 명의 무슬림이 존재하는 최대 단일 이슬람 국가이며, 말레이시아도 무슬림 인구만 1,000만 명이 넘는 대표적인 이슬람 국가다.

하루에 5번 메카를 향해 기도하고 허용된 음식만 먹는 이슬람의 문화는 오늘날 새로운 시장을 열고 있다. 세계 할랄 시장이 2013년 1조 달러 규모를 넘어선 이후 이제는 2~3조 달러에 이르는 무시할 수 없는 시장으로 급성장하고 있기 때문이다.

'할랄'이란 '신이 허용한 것'이라는 뜻으로 무슬림들에게 허락된 음식을 말한다. 식품 외에 화장품이나 의약품도 포함된다. 이슬람 율법에서 금기로 정한 돼지고기를 먹지 않아야 하고 소, 닭 등 허용된 고기도 엄격하게 이슬람법에 의해 도살된 것이어야 한다. 도축도 아무나 하지 못한다. 자격증을 받은 무슬림이 아랍어 기도문을 왼 뒤 단칼에 도살하는데, 이 자격증을 따려면 필기, 실기, 면접을 통과해야 하고, 자격증을 받은 후에도 매년 교육을 받는다. 이러한 절차를 따르지 않은 '신이 금지한 것'은 '하람'이라 부른다.

그렇다면 무슬림들은 어떤 기준으로 식자재를 고를까? 가장 중요한 기준으로 인식되고 있는 것은 제품에 '할랄 마크'가 표기되어 있는지 여부다. 무슬림들은 마트나 슈퍼마켓에서 물건을 고를 때 반드시 할랄 인증 마크부터 확인한다. 이 마크가 있으면 이슬람에서 금기시하는 성분이 함유되어 있지 않아 믿고 먹어도 된다는 뜻이다. 음식에 대한 일종의 보증수표와 같은데, 이는 할랄 인증이 몹시 철저하기 때문이다. 돼지고기를 먹지 않는 것뿐만 아니라 돼지 사육장이나 도축장과 접촉 자체를 하지 않아야 하며, 저장이나 운반 과정, 조리기구와 하수구까지도 '하람'과 접해서는 안 된다.

무슬림 사회에서 할랄 인증은 믿어 먹어도 된다는 보증수표를 뜻한다.

채소나 과일을 키우는 데 쓰는 비료에 돼지의 배설물이 섞여서도
안 되고, 가공식품 성분에 돼지고기 혹은 할랄 방식으로 도축되지
않은 고기 성분이 들어 있어서도 안 된다. 이슬람이 금하는 알코올
성분 역시 금지된다.

레스토랑이나 패스트푸드 전문점도 예외가 아니다. 말레이시아 시내 쇼핑몰에 있는 한 중식당에는 히잡을 쓴 무슬림 손님들이 많이 오는데, 이는 이곳이 '포크프리(pork-free) 레스토랑(돼지고기를 사용하지 않는 식당)'으로서 할랄 인증을 받은 업체에서 식자재를 받는 곳이기 때문이다. 인기 메뉴 중 하나인 탕수육도 돼지고기가 아닌 '할랄' 소고기로 만든다. 패스트푸드점 맥도날드에서도 할랄 인증을 받은 닭고기, 소고기로 모든 메뉴를 만들며 주방 앞에는 이를 증명하는 할랄 증명서가 붙어 있다.

세계 최초의 '할랄 CSI'가 하는 일

할랄 시장이 나날이 성장하고 있는 가운데 말레이시아는 할랄 산업의 국제적인 허브를 꿈꾸며 세계 최초로 할랄 검사기관을 출범하고 할랄 산업단지를 개발했다. 할랄 산업은 음식 영역에만 국한되지 않고 건강식품, 화장품, 의약품 등으로 영역이 넓어지고 있는 추세다.

일명 '할랄 CSI'라고도 불리는 말레이시아의 할랄 검사기관 TPM(Technology Park Malaysia)은 약 280만 제곱미터의 부지에 첨단 과학시설을 갖췄다. 노동집약형 산업 위주였던 말레이시아에서 첨단기술 및 지식기반 산업이 싹트는 계기가 되었다.

이 회사의 과학연구소인 'TPM 바이오테크'에서는 음식의 성분을 검사해 할랄 여부를 가리는 일을 하는데, 단순히 돼지고기 성분을 찾아내는 일만은 아니다. 정교한 DNA 테스트는 기본, 알코올 함유 테스트, 지방산 테스트 등을 한다. '하람'에 오염된 제품의 경우 화물차처럼 공장 외부에서 오염된 것인지, 누가 운전을 했고 누가 소유주였는지, 돼지고기의 DNA가 담긴 제품을 싣고 난 후 화물차를 제대로 청소했는지 여부까지 조사한다. 돼지고기 성분이라는 것도 고기만을 의미하지는 않는다. 예컨대 시중에 판매하는 과자, 스프, 라면 등 가공식품에는 젤라틴, 마가린, 오일 성분이 들어 있는데 여기에도 돼지고기 성분이 함유되어 있을 수 있다. 가공식품에 흔히 들어 있는 젤라틴은 동물 단백질에서 얻는 대표적인 물질로 주로 돼지에서 얻기 때문이다. 이러한 제품들의 샘플을 받아 할랄인지 아닌지를 검사하는 것이다. 최종적으로 할랄 인증을 받으려면 엄격한 여러 단계를 통과한 후 말레이시아 정부 산하의 '자킴(JAKIM : 이슬람개발부)'이라는 기관에서 승인을 받아야 한다. 할랄 인증기관은 전 세계에 300개 이상 난립해 있는데 그중 가장 인정받는 것이 바로 말레이시아 인증이다.

'TPM 바이오테크'에서 연구를 담당하는 놀 아민 모하맛 노르(Nor Amin Mohd Noor)는 '할랄 인증이란 소비자를 보호하고 제품 선택의 권리를 제공하기 위한 것'이라고 설명한다. 제조사들은 이 실험실에서 입증한 제품들에만 인증 로고를 부여할 수 있기 때문에 소비자들이 믿고 이용할 수 있다고 한다.

할랄 인증 과정의 이와 같은 철저함은 비무슬림 소비자에게도 호응을 받고 있다. TPM의 CEO인 다토 모하맛 아즈만 샤이딘(Dato' Mohamad Azman Shahidin)은 "검사를 의뢰하는 고객들 중에는 무슬림이 아닌 경우도 많다"고 말한다. 할랄 여부를 확인하기 위해서가 아니라 청결과 오염 상태를 확인하기 위해 제품 분석을 의뢰한다는 것이다.

"저희는 제품의 과학실험 및 분석, 연구에 집중하죠. 처음에 타깃으로 삼은 시장은 말레이시아에만 국한되어 있었습니다만 아시아의 다른 국가들과 프랑스 회사 등 세계 각국에서 말레이시아로 협력 요청이 들어오고 있습니다. 말레이시아에는 제대로 된 할랄 분석 및 인증 과정이 있기 때문입니다."

CEO 다토가 말하는 할랄 인증의 결정적인 특성은 바로 '청결'이다. 할랄 검사에 요구되는 높은 수준의 화학 분석 기술과 시설, 전문 인력이 할랄이 아닌 다른 분야에도 활용되고 있는 셈이다.

세계 할랄 산업의 허브가 되다

현재 전 세계 무슬림 인구는 18억 명으로 세계 인구 4명 중 1명에 해당된다. 2030년이면 이 숫자가 더욱 늘어 22억 명에 이를 거라고 전망하기도 한다. 무슬림 인구의 증가뿐만 아니라 경제성장도 할랄 시장 성장의 원인으로 작용한다. 무슬림의 1인당 GDP 성장률은 6.8% 정도인데 이는 비무슬림 인구의 GDP 성장률인 5%보다 높은 수치다. 무슬림들이 부유해지고 있다는 뜻이다. 실제로 사우디아라비아, 터키, 이란과 같은 이슬람 국가들의 구매력이 높아지고 있는 추세다.

말레이시아는 이러한 성장 잠재력을 공략하기 위해 오래 전부터 준비해왔다. 말레이시아의 할랄산업개발공사(HDC)에서는 말레이시아를 세계의 '할랄 허브'로 만들겠다는 목표 하에 기술, 지식, 인력, 시설, 검증 표준절차 등을 두루 준비했다. 그리고 지난 2006년 34조 원을 투자해 제조 및 서비스 산업단지인 '할랄 파크'를 조성했다. 전국 21개의 할랄 파크에 코카콜라, 네슬레, 맥도널드 같은 다국적 기업 20여 개, 중소기업 110개가 입주했다.

말레이시아는 글로벌 기업들을 할랄 파크에 입주시키고 협력업체들을 늘여나가며 다른 국가들과도 손을 잡았다. 2014년에는 두바이와 협력하여 할랄 산업을 선도하겠다는 취지의 '허브 투 허브 이니셔티브(Hub to Hub initiative)'를 약속했다. 할랄 제품의 전 세계적 대량판매를 위해 앞장서겠다는 것이다. HDC의 총관리자 사이폴 자파니는 말레이시가 할랄 산업을 선도하고 있는 이유에 대해 다음과 같이 말했다.

"말레이시아는 할랄 음식재료의 주요 생산국입니다. 팜유가 생산되고 원재료를 쉽게 구할 수 있기 때문이죠. 그래서 다국적 기업들은 말레이시아를 할랄 산업의 중심지로 생각합니다. 또한 말레

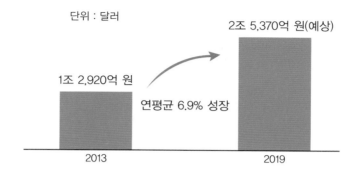

세계 할랄 식품 시장 규모

단위 : 달러

2조 5,370억 원(예상)

1조 2,920억 원

연평균 6.9% 성장

2013

2019

＊출처 : State of the global Islamic economy

이시아에는 할랄 관련 인재들이 많습니다. 할랄 파크에서는 연구와 개발을 할 수 있죠. 이러한 자원들이 말레이시아의 할랄 산업을 효과적으로 발전시키고 있습니다. 저희 연구에 의하면 할랄 제품 및 서비스에 접근할 수 있는 무슬림 인구는 전체의 20%에 불과합니다. 그래서 앞으로 할랄 잠재시장이 거대하다고 하는 것입니다."

할랄 시장이라는 것은 무슬림에 국한되지 않는다. 네슬레 같은 비무슬림 다국적 기업들이 일찍부터 할랄 시장에 진출한 것은 할랄 제품이 거대한 무슬림 시장과 비무슬림 시장까지 아우르기 때문이다. 여기엔 건강과 안전이 보장된 음식을 선호하는 최근의 트렌드도 한몫 하고 있다. 할랄 음식은 안전한 음식이라는 이미지를 강조함으로써 비이슬람 국가들, 심지어 유럽 등 서구권의 식품시장도 공략할 수 있다.

한 예로 말레이시아 국적의 유기농 회사 '옌첸 인더스트리'의 경우 할랄 파크에 입주한 후 5년간 50% 넘는 성장률을 기록할 정도로 매출이 폭발적으로 증가했다. 말레이시아 내수시장은 물론이고 해외 수출량도 크게 늘었다. 이 회사에서 만드는 고품질 소스들과 글루텐 프리 소스들은 아시아 각국의 비무슬림 소비자들에게 인기다.

말레이시아의 할랄 제품 수출 규모는 2014년도에 1조 1,000억 원에 달했다. 말레이시아가 집중적으로 투자해 세운 할랄 파크는 세계 할랄 시장과 식품시장을 공략하는 교두보 역할을 톡톡히 하는 중이다. 할랄 산업이 국가 성장의 새로운 원동력이 되고 있다.

PART 4

황금세대의 꿈

오늘보다 나은 내일을 만든다

평균 연령 31세의 땅. 아세안은 젊은 대륙이다. '황금세대'라 불리는 이 대륙의 젊은이들은 아세안의 새로운 성장 동력이다. 이전 세대와는 달리 열정과 자신감을 갖고 새로운 부의 기회를 찾아나선다. 젊은 부모들의 높은 교육열에는 자녀 세대의 성공에 대한 강한 열망이 깃들어 있고, 해외취업으로 외화벌이에 나선 필리핀 국민들은 노력하면 반드시 잘살 수 있을 것이라는 희망을 품고 있다. 테크놀로지에 대한 아이디어와 글로벌 마인드로 무장한 젊은이들은 스스로 회사를 세워 창업 열풍을 주도하고, 취업박람회장은 미래의 기회를 찾으려는 인재들로 발 디딜 틈이 없다. 동남아시아의 고질적 병폐로 꼽히던 부패한 부유층이 불평등한 사회구조의 상징으로 여겨졌던 반면, 합리적인 지식과 열린 사고를 가진 신흥 엘리트들은 부의 소유가 더 이상 소수의 전유물이 아님을 증명하고 있다. 성공의 가능성을 포착하고 끊임없이 자신을 계발하는 아세안의 황금세대. 그들의 움직임 속에 담긴 역동적인 에너지를 통해 아세안의 미래를 점쳐본다.

불이 꺼지지 않는 영어 학원

호치민에는 주말이면 유난히 붐비는 거리가 있다. 바로 대형 영어학원 앞이다. 어린이 영어학원 앞에는 자녀들을 데려다주거나 데리러오는 학부모들로 인해 오토바이와 자동차가 장사진을 치고, 성인을 위한 영어학원들도 늦은 밤까지 불이 꺼지지 않는다.

교육열에 관한 한 둘째라면 서러운 나라가 베트남이다. 전후 베이비붐 세대들이 30~40대의 젊은 학부모가 된 지금, 자녀교육이라면 물불을 가리지 않을 정도로 사교육 열풍이 뜨겁다. 베트남의 조기교육 열풍은 한국 부모들의 모습과 어딘지 닮아 있다는 점에서 더욱 흥미롭다. 무엇보다도 영어가 아이의 미래를 바꿔줄 거라는 것이 요즘의 젊은 베트남 부모들의 굳은 믿음이다. 그들은 수입

어린 두 자녀의 영어학원 하굣길을 돕는 팜 비앳 중 잔. 그에게 자녀 사교육비는 당연히 써야 하는 돈이다.

의 상당 부분을 학원비로 지출하고 매번 시간 맞춰 직접 데리러오는 수고도 마다하지 않는다.

학원 수업이 끝날 시간에 맞춰 딸아이를 픽업하러 온 팜 비앳 중 잔(Pham Viet Dung Dan). 인쇄소 사장이자 11살, 7살 두 남매의 아버지인 그는 월수입의 30%를 자녀들 사교육비에 쓰지만 아이들 공부를 위해서라면 전혀 아깝지 않다고 한다.

"영어는 세계에서 통영되는 언어라서 어렸을 때부터 교육을 시켜야 해요. 애들 둘 영어 가르치는데 한 달에 1,000만 동(50만 원) 정도 들어요. 영어는 기본이죠. 수학 학원도 보냅니다. 수학 시키는 데에는 500만 동(25만 원) 정도 들고요. 애들이 공부만 잘한다면 얼마든지 지출할 만한 금액이에요."

전문직에 종사하는 맞벌이 부부나 중산층 이상의 부모라면 거의 대부분 영어 조기교육을 시키는 추세다. 어린이를 대상으로 한 영어학원 비용은 한 달 평균 30만 원 정도인데 이는 일반 사무직 월급에 맞먹을 정도로 적지 않은 돈이다. 하지만 2015년 GDP의 12%인 240억 달러가 자녀교육비에 지출될 정도로 베트남 사교육 시장은 커지고 있다. 어릴 때부터 영어를 가르치고 학원을 보내는 이유는 자녀의 성공을 위해서다. 7살짜리 아들을 데리러왔다는 짱 미 찐(Tran My Trinh)은 패션회사를 운영하는 워킹맘이다. 남편은 신문기자라고 한다. 그녀가 아이를 영어학원에 보내는 이유는 다음과 같다.

"통합경제가 되고 있기 때문에 앞으로 영어는 필수 언어예요. 제가 7살이었을 때는 영어를 배우지 못했는데요, 좀더 일찍 배웠다면 회화도 더 자신 있게 할 수 있었을 거라는 아쉬움이 있어요. 그래서 아들에게는 일찍부터 가르쳤죠."

영어학원에 보내는 나이도 점점 어려지고 있다. 5살짜리 아들이 나오기를 기다리고 있는 부 응옥 즈엉(Vu Ngoc Duong)의 경우 4살 때부터 아이를 영어학원에 보냈다. 벌써부터 상당한 금액을 사교육비에 쏟아붓고 있지만 아이의 미래를 위해서라면 아낄 생각이 없다고 한다. 9살짜리 아들을 둔 회계사 응우옌 응옥 뚜옛(Nguyen Ngoc Tuyet)은 아이가 겨우 3살일 때부터 영어를 가르쳤다. 좋은 학교, 좋은 직장에 들어가려면 영어 실력이 가장 중요하기 때문에 일찍부터 시키기로 작정했다. 베트남 중산층 부모들이 조기 영어 교육에 집착하는 또 하나의 이유는 그들 자신이 성인이 된 후 영어의 필요성을 절감했기 때문이다. 나라가 개방되고 글로벌 경제 환경이 형성되면서 영어 회화 실력이 중요하다는 것을 지금의 젊은 부모들이 몸소 겪고 있다. 8살짜리 딸아이를 2년 전부터 학원에 보내고 있는 한 회사원은 영어의 필요성을 이렇게 말한다.

"취업과 사회생활을 하면서 영어가 정말 필수적인 언어라고 느꼈어요. 예를 들어 외국인 구매자들과 이야기할 때 영어를 못 하면 아주 불편하죠. 가격이나 여러 가지 협상을 할 때도 어려움을 겪고 자신감도 떨어져요. 영어가 얼마나 필요한지 제가 체험했기 때문에 딸아이만큼은 일찍부터 영어학원에 보내자고 마음먹었어요."

학부모들의 이러한 열기로 인해 대도시마다 대형 사설 영어학원이 급증하고 있다. 잘 가르친다고 입소문이 난 학원에 들어가려면 몇 달을 기다리는 경우도 있지만 기꺼이 대기명단에 이름을 올린다.

어린이 영어학원 못지않게 성인 영어학원도 문전성시를 이룬다. 취업을 준비하는 대학생들, 그리고 영어실력을 향상시키려는 직장인들로 학원가 건물들은 밤늦게까지 불야성이다. 영어를 잘하면 연봉을 많이 주는 글로벌 기업에 취업하기 유리하기 때문에 젊은이들은 더더욱 영어에 목을 맨다. 대형 프랜차이즈 영어학원에 다니고 있는 대학생 짱(Trang)이 영어공부에 비용과 시간을 아끼지 않는 이유도 여느 젊은이들과 비슷하다.

"영어를 잘하면 좋은 직업을 구할 수 있어요. 어떤 통계를 봤는데요, 영어를 못하는 사람보다 잘하는 사람의 월급이 5배나 많대요. 영어를 잘하면 외국 자료도 많이 읽을 수 있어서 더 많은 정보를 얻게 되죠. 외국인들과 더 좋은 관계를 맺을 수 있고요."

대학에서 학생을 가르치고 연구를 하는 땀(Tam)은 이미 영어를 어느 정도 하지만 실력을 더 높이기 위해 학원에 다니고 있었다.

"영어는 세계로 나가는 문을 여는 열쇠입니다. 정보나 연구 내용 등이 모두 영어로 되어 있기 때문에 영어를 모른다면 절대 세상 밖으로 나갈 수 없죠. 글로벌 시민으로 능력을 인정받으려면 영어는 꼭 필요해요. 요즘 베트남 사람들은 거의 다 영어를 배워요."

이 학생들이 다니는 글로벌 어학 프랜차이즈 '월스트리트 잉글리쉬'는 모든 수업을 영어로만 진행하고 소수정예, 멀티미디어 활용 등 다양한 방식을 도입하여 성인 수강생들의 인기를 끌고 있다. 우리나라와 동남아시아 대도시 곳곳에 지점들이 분포해 있는데, 특히 베트남 사람들의 영어 열풍에 일찍부터 주목했다. 자녀교육에 대한 투자 의지와 배움에 대한 열정이 다른 아세안 국가들에 비해서도 유독 높은 나라라는 것이 이 업체의 분석이다. 이곳에서 성인 학생들을 가르치는 영어강사 앤드류 맥도널드는 베트남 젊은이들의 학구열에서 깊은 인상을 받았다고 한다.

"베트남 사람들은 아주 열정적입니다. 더 나은 일자리를 얻는 데 영어가 아주 중요하다고 생각하죠. 외국인들과 의사소통을 잘하고 싶어하고 외국 사람들의 관점을 알고자 합니다. 다른 나라에 비해 영어공부에 대한 동기가 더 확실하고 지도를 더 잘 따르며 또한 스스로도 열심히 합니다."

그들이 영어공부에 이토록 매진하는 것은 어쩌면 한국보다 훨씬 더 절실한 이유가 있어서다. AEC 출범으로 인해 영어가 아세안 지역의 공통 언어로 인식되고 있는 까닭이다. 취업을 하건 창업을 하건 아세안이라는 큰 무대에서 활동할 것이기에, 이들에게 영어는 외국어가 아닌 공용어나 다름없어진 것이다.

글로벌 기업의 진출과 경제통합의 영향으로 영어의 중요성이 부각된 것은 요즘 아세안 교육시장의 주요 트렌드다. 대도시에서 사설 영어학원들이 사상 최대의 호황을 누리고 있는 베트남은 실제로 성인들의 영어실력이 빠르게 향상되고 있다. 글로벌 교육기업 EF(Education First)가 전 세계 성인들의 영어능력을 분석하기 위해 만든 지수(EF EPI : EF English Proficiency Index)에 의하면 2015년도에 싱가포르와 말레이시아가 각각 12, 14위, 베트남이 29위에 올라 대만, 중국, 태국보다 순위가 높았다. 한국은 27위를 기록했다. 아세안의 다른 나라들도 마찬가지. 캄보디아의 수도 프놈펜의 박뚝(Bak Touk) 지역도 이미 수 년 전부터 영어학원이 점령하다시피 할 정도로 영어에 대한 높은 수요를 보여주고 있다. 영어를 '제대로' 말하려고 노력하는 나라도 있다. 싱가포르의 경우 그들 특유의 '싱글리시'(Singlish : 싱가포르식 영어)를 쓰는데, 문법이나 억양이 원래의 영어와는 조금 다르다. 글로벌 환경에서는 싱가포르 식 영어가 아닌 진짜 영어를 써야 할 터. 그래서 싱가포르는 2000년대부터 '제대로 된 영어 말하기' 운동을 펼치기 시작했다.

경제통합 상황을 앞두고 글로벌 환경에 발맞추기 위해 노력하는 아세안의 신세대. 그들에게 영어는 기본 중의 기본으로 인식되고 있다.

모든 부모가 꿈꾸는 것

유아부터 성인까지 영어를 공부하며 더 나은 학교, 더 나은 직장을 향해 매진하고 있는 베트남. 자연스레 대학 진학률도 매년 올라가고 있다. 좋은 대학을 졸업해야 성공할 가능성이 높다는 것을 잘 알기 때문이다.

베트남 학생들에게 선망의 학교 중 하나인 외국계 사립대 RMIT(Royal Melbourne Institute of Technology). 호주의 명문대로 꼽히는 이 학교는 2001년 호치민, 2004년 하노이에 베트남 최초로 순수 외국인 투자법인의 라이선스를 받아 분교를 개원했다. 두 분교에 6,000여 명(2014년 기준)의 학생이 다닐 정도로 규모도 크고 MBA 과정도 유명하다. 한 학기 학비는 우리 돈으로 400만 원 정도. 대부분이 베트남 현지 학생들로서 주로 상류층, 고위직 공무

원, 대기업 임원의 자녀들이 많이 다니며, 한국, 대만, 싱가포르, 중국 등 외국인 학생들도 꽤 있다.

베트남의 상류층 자녀들인 이 학교 학생들은 모교에 대한 자부심이 큰 편이다. 모든 수업이 100% 영어로 이루어져 영어 실력 향상에 실질적인 도움이 되고 조기졸업도 가능하며 졸업장도 멜버른 본교에서 직접 나오기 때문에, 굳이 해외 유학을 가지 않고 이 학교를 선택하는 베트남 학생들이 많아지고 있다. 이 학교에서 디지털미디어디자인을 전공하는 팜 뚜언 잣(Pham Tuan Dat)은 학교 수업에 대한 만족감이 크다고 말했다.

"수업을 영어로 진행하고 선생님들이 외국식으로 강의를 해서 아주 좋아요. RMIT에 다닌다는 것이 자랑스러워요. 학교 이름과 전통 덕분에 졸업 후 취업할 때 좋은 평가를 받기 때문이죠."

커뮤니케이션을 전공하는 학생은 졸업 후 글로벌 기업에 취업하는 게 가장 큰 목표라며 다음과 같은 이야기를 했다.

"모든 수업을 영어로 진행하기 때문에 실력을 올릴 수 있고 졸업하고 나서도 더 많은 기회를 얻을 수 있을 거라고 생각해요. 학비는 비싸지만 베트남 속담 중에 '교육에 투자하는 것은 낭비가 아니다'라는 말이 있어요. 큰돈을 투자하지만 나중에 훨씬 더 많은 이익을 얻을 수 있는 거죠. 저와 가족은 교육에 투자해야 한다고 생각해요."

이처럼 중산층과 상류층 자녀들은 명문대학에 진학하며 성공에

RMIT 대학의 수업 시간. 이 학교는 모든 수업을 영어로 진행한다.

대한 꿈을 실현하고 있지만, 교육을 통한 성공에의 열망이 계층을 가리는 것은 아니다. 자녀교육에 투자할 여유가 있는 중산층과 달리 하층민은 여전히 하루하루 생계를 유지하는 것조차 버겁지만, 얼마 안 되는 수입을 쪼개 자식을 가르치는 사람들이 적지 않다.

호치민에서 오토바이 택시기사로 일하고 있는 후인 반 땀 (Huynh Van Tam)은 베트남의 전형적인 빈민층이다. 새벽부터 저녁까지 하루 12시간 이상을 거리에서 보내지만 벌이는 시원찮다. 많아야 20만 동(1만 원), 보통은 6만 동(3,000원)에서 10만 동 (5,000원) 정도가 하루 수입이다. 아내는 세탁소에서 일하고 자신은 택시기사와 막노동까지 해가며 닥치는 대로 일하지만 형편은 좀처럼 나아지지 않았다.

후인 반 땀은 호치민의 가장 가난한 계층인 오토바이 택시 기사다. 시골에서 올라온 그가 할 수 있는 일은 많지 않다.

그러나 아무리 생활에 쪼들려도 그들이 절대 포기하지 않는 것이 있다. 바로 늦둥이 둘째아들의 교육이다. 한 달에 전기요금과 수도요금으로 50만 동이 드는데 아이의 영어와 수학교육비로 180만 동(9만 원)을 쓴다. 먹고살기도 힘들 만큼 적은 수입의 대부분을 7살짜리 아이의 교육비에 쓰는 셈이다. 18살짜리 큰아들은 이미 학교를 그만두고 생활전선에 뛰어들었다. 부모는 공부를 더 시키고 싶었지만 현실을 간파한 아들이 스스로 공부를 포기하고 돈을 벌겠다고 나선 것이다. 이들 부부가 둘째아들 교육에 더욱 절실한 것은 큰아들에 대한 미안함도 크게 작용했다.

"부모는 자식이 부자가 되기를 바라죠. 자식이 가난하게 살기를 바라는 부모가 어디 있겠어요. 가난하니까 어쩔 수 없는 거지 형편만 되면 잘 가르쳐서 좋은 직업을 갖길 바라죠. 잘 가르쳐야 이런 일 말고 다른 일을 할 수도 있으니까요. 아들이 기술자나 의사가 되면 좋겠지만 형편이 안 되고 투자를 못해줘서 미안하죠."

산업화 시대의 한국 부모들이 그랬듯, 가난이 대물림되기를 원치 않는 건 그들도 마찬가지다. 아무것도 가진 것 없는 계층에게도 자녀교육만큼은 유일한 희망의 씨앗이다.

교육만이 미래다

아세안 10개국 중 국민소득이 가장 낮은 나라. 평균연령 24세로 세계에서 가장 젊은 나라에 속하는 캄보디아에서 최근 불고 있는 교육 열풍에는 더 이상 가난한 과거에 머물러 있지 않겠다는 의지가 담겨 있다. 박뚝에 밀집한 영어학원가에는 글로벌한 능력을 갖추겠다는 어린 학생들의 학구열이 뜨겁고, 20% 정도였던 대학 진학률도 점점 높아지는 추세다. 게다가 캄보디아의 평균 출산율은 3.64명으로 세계 최고 수준이다. 미래를 바꿀 성장 동력이 계속 자라나고 있는 것이다.

높아지는 교육열로 인해 상류층뿐만 아니라 중산층 부모들의 자녀교육에 대한 관심과 투자가 늘어날 것임을 10년 전부터 꿰뚫어본 사람이 있었다. 캄보디아의 학원재벌이자 교육사업가인 트뷔메깡 국제학교 교장인 맹리다. 지난 2005년 사립학교를 세워

교육 사업을 시작한 지 10년 만에 연 매출 100억 원이 넘는 사업가로 성공했다. 그는 캄보디아 중산층의 교육 수요를 정확히 예측하고 교육 사업이 캄보디아의 미래에 큰 힘이 될 거라고 확신했다.

그의 예상은 적중했다. 교육의 질이 낮은 공립학교와 학비가 비싼 국제학교 사이에서 고민하던 중산층이 움직이기 시작한 것이다. 초등학교와 중·고등학교까지 미국식 커리큘럼으로 진행되는 수준 높은 수업, 철저한 학생 관리, 산뜻한 교복과 안전한 통학 차량 등이 중산층 학부모들을 사로잡았다. 캄보디아는 중·고등학교를 졸업하려면 시험을 통과해야 하는데 이 학교의 합격률은 86% 이상이다. 40% 정도인 공립학교의 평균 합격률보다 무려 2배나 높아 캄보디아 최고 수준이다.

가장 중요한 건 학비다. 기존의 외국계 혹은 캄보디아계 국제학교는 교육의 질은 높지만 1년에 4,000달러가 넘는 높은 학비 때문에 중산층은 엄두를 내지 못했다. 반면 맹리의 학교는 교육 수준은 높으면서도 학비는 1년에 1,000달러 미만으로 중산층 부모들이 감당할 수 있는 수준이다. 합리적인 학비로 미국식 선진교육을 시킬 수 있다는 사실에 학부모들은 열광했다. 이 학교에 자녀를 입학시키려는 학부모들이 늘고 있고 캄보디아 전체의 출산율도 높기 때문에 맹리의 '잠재고객'도 계속 늘어나는 셈이다.

"캄보디아는 성장하고 있습니다. 중산층이 형성되고 있는 거지요. 특히 수도인 프놈펜은 더하지요. 그들에게 부족한 것은 우수

캄보디아의 중상류층의 교육 수요를 파악한 그는 합리적 가격의 사교육 인프라를 도입해 부와 명성을 거머쥐었다.

한 학교뿐입니다. 부모들은 자녀들에게 영어와 그 밖의 지식들을 가르치길 원하죠. 프놈펜 인구가 200만 명 이상인데 비해 저희 학교 학생은 1만 명이 안 되죠. 게다가 지방에서 프놈펜으로 자녀를 유학 보내려는 부모들도 늘고 있고요. 캄보디아의 교육 수요는 계속 늘어날 것입니다. 저는 지금 새로운 시장을 개척하고 있습니다. 10년밖에 되지 않은 신생 기업인 셈이죠."

미국 유학파 출신의 전직 의사였던 그가 고국 캄보디아로 돌아와 보건소에서 일하기 시작한 것은 2002년. 캄보디아가 정치적으로 혼란스럽던 시절에 굶주림을 몸소 겪으며 어린 시절을 보냈던 그는 다시 돌아온 조국의 현실 앞에 깨닫는 바가 있었다. 빈곤을 개선시키기 위해서는 보건과 교육이 절실하다고 느낀 것이다. 그때만 해도 캄보디아의 일반 학교들은 교육 수준이 그리 높지 않았다. 서구세계의 교육을 받은 그는 무엇보다도 영어가 매우 중요해질 것임을 예상하고 미국식 영어학교를 설립하기로 결심했다.

2005년 개교할 당시 그의 수중에 있던 돈은 고작 2만 달러. 입학생은 달랑 4명이었다. 그러나 체계적인 교육에 저렴한 학비, 학생들의 높은 성적이 입소문을 타면서 2년 만에 학생 숫자가 무려 1만 명으로 늘어나는 기적이 일어났다. 2007년 후반부터 세계 경제위기의 여파로 중산층이 타격을 입으면서 학생 수가 일시적으로 줄어들었지만, 경기가 나아지자 학생들도 다시 늘어나 지금은 9,600명 정도의 학생들이 그의 학교에서 교육을 받고 있다. 지금은 대기자가 있을 정도로 입학 희망자가 계속 늘어나 새 교실과 캠퍼스를 연달아 증축 중이다. 그가 이처럼 교육 사업에 모든 것을 건 이유는 새로운 세대의 교육에 캄보디아의 미래가 달려 있다고 믿기 때문이다.

"캄보디아 사람들은 삶의 질이 향상되고 부자가 되기를 원하고 있습니다. 특히 새로운 세대는 이전의 세대들과 다릅니다. 젊은이들이 국제적인 수준의 교육을 받으며 열심히 공부하고 전문적인 지식층이 되고 있습니다."

자수성가하여 교육 부문에 크게 이바지한 대가로 캄보디아 정부로부터 작위(국왕에게 '옥하(Oknha)'라는 작위를 받았다)를 받을 정도로 사회적인 명사가 되었지만, 그가 가장 원하는 것은 지금보다 더 많은 캄보디아 학생들에게 교육의 기회가 주어지는 거라고 한다.

"'캄보디아는 왜 다른 나라보다 못 살지?'라고들 하죠. 밖에서 볼 때도 그저 개발 중인 가난한 나라로 여깁니다. 하지만 캄보디아는 빠르게 성장하고 있고 아주 큰 잠재력을 가지고 있습니다."

그는 앞으로 10년 후 자신의 조국 캄보디아가 어엿한 중진국의 대열에 들어설 것이라고 자신 있게 말한다. 특히 AEC가 출범하면 캄보디아와 아세안 전체가 크게 발전할 거라고 그는 믿고 있다.

질곡의 역사를 딛고 '기회와 잠재력의 땅'으로 거듭나고 있는 캄보디아. 맹리의 학교에 다니는 아이들의 웃음소리에 그들의 미래가 있다.

가르치기 위해 무엇이든 한다

교육에 모든 것을 걸어야겠다고 생각한 건 캄보디아의 교육사업가뿐만이 아니다. 아세안의 부모들은 교육이 성공의 기회를 가져올 거라는 믿음이 매우 강하다. 그래서 자녀들이 어릴 때부터 이런저런 조기교육을 시키고 좋은 학교에 보내는 등 교육에 투자를 많이 한다.

요즘 인도네시아의 중산층 부모들은 공부는 물론이고 방과 후에 다양한 종류의 사교육을 시키는 데 관심이 무척 많다. 초등부터 중·고등학생까지 여러 연령대의 학생들이 주말마다 농구를 배우러 다니는 인도네시아의 한 농구클럽. 이곳에서 농구 코치로 일하며 아이들을 가르치는 에디 수자나는 최근 인도네시아 학부모들이 자녀들의 학업뿐만 아니라 예체능 교육에도 비용을 아끼지 않는다고 말했다.

"인도네시아의 많은 학부형들이 교내활동 외에 교외 체육활동에 관심이 많습니다. 축구, 배구, 농구, 배드민턴 등 체육 조기교육을 시키는 부모님들이 많죠."

한 달 수업료는 우리 돈 15만 원 정도. 부모들은 직접 아이들을 데리고 와 자기 자녀들을 내내 지켜보며 수업이 끝날 때까지 기다린다. 아이가 농구하는 모습을 흐뭇하게 보고 있던 어머니 미안사끼나는 예체능 교육을 일찍부터 시키는 이유가 적성 계발을 위해서라고 말했다.

"예전에 저는 하고 싶은 것을 못했지만 우리 아이는 자기 꿈을 이룰 수 있도록 해주고 싶어요. 교육비가 부담되지는 않습니다. 아이가 원하는 것을 파악하고 적절한 방향을 제시해주죠. 자신의 적성에 맞는 것을 할 수 있도록 적극적으로 지원해줄 생각입니다."

농구교실에 자녀들을 데리고 온 다른 부모도 가장 큰 관심은 자녀들 교육이다. 자카르타의 작은 빵 공장에서 시작해 중산층을 타깃으로 만든 저렴한 가격의 빵을 자전거로 직접 배달, 어엿한 베이커리 사업가로 성공한 그는 중학생인 두 딸과 3살짜리 막내아들 교육비에만 한 달에 6,000만 루피아(약 515만 원)를 쓴다. 한 달 순

수입의 절반이 넘는 금액이지만 농구교실뿐만 아니라 아이들이 배우고 싶다고 하는 것은 힘닿는 데까지 다 가르치겠다는 것이 이들 부부의 교육방침이다.

"교육은 아이의 미래이기 때문에 제한을 두지 않고 투자를 해야죠. 큰딸은 지금 언어전문학교에 보내고 있는데, 이 학교를 졸업하고 나면 외국 유학을 보낼 생각입니다. 아이들 교육을 위한 예산도 미리 세워놓았습니다."

수업료가 월 30만 원에 이르는 인도네시아의 한 유명 프랜차이즈 학원은 신규 학생 수가 매년 30만 명이 넘을 정도로 인기다. 인도네시아, 필리핀, 베트남은 이미 글로벌 사교육 업체들이 진출 1순위로 삼고 있는 나라들이다.

'교육에 쓰는 돈은 낭비가 아니다'라는 베트남 격언에서 엿볼 수 있듯이 아세안 각국의 교육 열풍은 더 이상 일부 계층의 전유물이 아니다. 사교육에 투자하는 비용이 늘어나고 있는 것 역시 중산층 확장의 직접적인 영향이라 할 수 있다.

상류층과 빈민층을 막론하고 교육으로 미래를 바꾸겠다는 꿈을 간직한 아세안 사람들. 배움과 실력만이 성공을 보장해줄 것이라는 그들의 믿음은 빠르게 현실이 되고 있다.

나를 희생해 가족을 살리는 필리핀 인력시장 02

중산층으로 올라가는 사다리, 해외 인력사무소

부와 빈곤이 극명하게 교차하는 아세안. 인구 1억 명, 평균 경제성장률 7%에 달하는 필리핀은 아직까지 국민 4명 중 1명이 절대빈곤층이다. 높은 빈곤층 비율에도 불구하고 경제성장을 꾸준히 이루고 있는 원인은 무엇일까? 여기에는 필리핀만의 독특한 이유가 있다. 국내의 부족한 일자리와 저임금을 극복하기 위해 많은 사람들이 해외로 나가 외화를 벌어들이고 있는 것이다.

가족과 생이별을 해야 함에도 불구하고 1~2년, 혹은 그 이상의 긴 기간 동안 낯선 외국 땅에 나가 일하기를 마다하지 않는 건, 가진 것 없는 계층이 그나마 가난에서 벗어날 수 있는 유일한 탈출구이기 때문이다.

필리핀 해외 근로자 송금(OFW) 동향						
	2009	2010	2011	2012	2013	2014
송금액 (달러)	190억 7,000	205억 8,000	219억 2,000	233억 5,000	253억 5,000	269억
증가율 (%)	5.6	7.8	6.6	6.5	8.6	6.2

*출처 : 필리핀 통계청, 2014

　기초산업 기반이 튼튼하지 않아 일자리는 부족하고 실업률이 높으며 임금이 낮은 필리핀에서 해외 인력 송출은 가장 중요한 외화 수입원이다. 1억 명 중 해외에서 일하는 인구가 10% 이상. 1,000만 명 넘는 인구가 미국, 유럽, 중동, 아시아 각국에서 일해 본국으로 보내는 돈은 GDP의 11%가 넘는다(2012년 기준). 정부에서도 국민들의 해외취업을 적극 장려하고 있다. 공항 국제선에 있는 OFW(Overseas Filipino Workers : 해외취업 필리핀 노동자) 전용 수속대에는 이들의 편의를 위한 발릭바얀(Balikbayan : 해외취업 노동자가 가족들에게 저렴한 비용으로 보낼 수 있게 한 택배) 서비스가 마련되어 있을 정도다.

　해외취업 인력을 뽑는 필리핀의 한 인력 송출 사무소. 면접과 실기시험을 보는 사람들로 늘 붐비는 곳이지만 제작진이 찾은 이날은 유독 대기자가 많았다. 용접공을 뽑는 실기시험이 있는 날이었

외국회사의 용접공 실기시험에 참여한 노동자들

기 때문이다. 지원자들은 20대에서 40대까지 연령대도 다양하고 해외 취업 경험이 많은 베테랑 기술자들도 적지 않았다. 아무리 실력 있는 기술자라 할지라도 원통을 매끈하게 이어 붙여 접합면을 깔끔하게 마감해야 하는 용접시험 앞에서는 긴장하기 마련. 응시자들은 구슬땀을 흘리며 집중해서 시험을 치르고 감독관은 매의 눈으로 이들이 용접한 결과물을 살폈다. 도전자들 10명 중 1명만이 뽑혀 외국으로 나갈 수 있을 정도로 치열한 경쟁을 뚫어야 하는 시험이라고 했다.

대기실 앞에서 만난 지원자들이 가장 간절히 원하는 것은 해외에서 달러를 벌어 가족을 부양하고 도시 중산층이 되는 것이었다. 40대 중반의 넬 파딜라에게도 이번 시험은 중요한 기회였다. 이미 15년의 기술직 경력이 있고 그중 10년을 외국에서 일했던 그가

10대 1의 경쟁을 뚫고 시험에 합격한 노동자

다시 나가려는 이유는 마닐라에 집을 장만하기 위해서라고 한다.

"집을 사고 가족을 먹여 살리기 위해서죠. 여기는 월급이 너무 적어 외국으로 나가야 해요. 가족에게는 보낼 수 있는 만큼 보낼 거예요. 달러를 벌어 필리핀으로 보내는 거죠. 7만 페소를 받으면 가족에게는 6만 페소를 보내고 저는 1만 페소만 쓸 거예요."

카타르, 사우디아라비아, 우즈베키스탄에서 용접공으로 일한 경력을 갖고 있는 멜빈, 결혼자금을 모으기 위해 사우디아라비아에 가고 싶다는 레네도 자신이 고국을 떠나는 것만이 가족이 살 길이라고 말했다. 그들이 하나 같이 하는 말은 '가족을 위해서'였다.

필리핀의 수도 마닐라의 어느 빈민가. 노동자계급의 저소득층이 모여 사는 허름한 이 동네에는 배우자나 가족과 떨어져 지내는

빈민가 골목에서 구멍가게를 운영하는 바우디아오. 그녀의 남편은 사우디아라비아에서 일하고 있다.

가정이 유난히 많다. 젊은이들의 상당수가 외국으로 돈을 벌러 나가 있기 때문이다.

　동네 모퉁이에서 작은 매점을 운영하고 있는 아미 바우디아오도 남편과 생이별하는 생활에 어느덧 익숙해졌다. 그녀의 남편은 용접공 시험에 합격해 두 달 전 사우디아라비아로 떠났는데, 이번이 처음은 아니다. 이미 사우디에서 2년 일하고 돌아왔다가 다시 떠난 것이다. 이들 젊은 부부에겐 자녀도 셋 있는데 그중 두 아이는 시골에 계신 시부모님께 맡겨놓고 한 아이만 부인이 데리고 있다. 전기도 제대로 안 들어오는 비좁은 집에서 살고 있지만 월세가 싸기 때문에 아직은 이사할 생각이 없다. 그래도 사우디로 떠난 남편이 매달 8,000페소(약 20만 원)를 보내주면서 이 생활에도 서서히 빛이 보이기 시작했다고 한다. 그녀의 유일한 소망은 돈을 모아 가난을 벗어나는 것이다.

"물론 남편이 많이 보고 싶죠. 그곳은 날씨도 덥고 습하고 많이 힘들 거예요. 가족이 뿔뿔이 흩어져 살고 있어서 마음 아파요. 하지만 예전에 남편이 짐꾼으로 일할 때는 쌀을 사기 위해 돈을 빌리기도 하고 사고 싶던 것도 못 샀지만 지금은 조금이나마 살 수 있어요. 남편이 보내준 돈을 저축하기 때문이죠. 앞으로 더 잘 살게 될 거예요. 우리 가족의 꿈은 집과 땅을 사서 부자가 되는 거예요."

가구회사에서 짐꾼으로 일하는 알월 부디아오(Arwil Budiao)도 아내와 떨어져 지내고 있다. 그의 아내는 두바이에서 가사도우미로 일하고 있다. 그가 짐꾼으로 버는 월급은 1만 2,000페소. 아내의 월급은 1만 3,000페소인데 그중 1만 페소 정도를 남편에게 송금한다.

"아내의 일이 힘들다는 것을 알고 있어요. 하지만 아내는 여기 있는 가족들이 힘든 삶을 살고 있다는 것을 알기에 외국에서 일하는 것을 마다하지 않았죠. 아내가 보내는 돈은 모조리 저축할 거예요. 그래서 나중에 집도 장만하고 작은 가게라도.내고 싶어요."

필리핀 사람들은 가족애가 유독 강하다. 국민의 대부분이 가톨릭 신자라 피임을 금기시하여 산아제한이 잘 이뤄지지 않아 자녀도 많이 낳는다. 필리핀 사람들에게 있어 가족 구성원이 멀리 헤어져 사는 것은 여간 고통스러운 일이 아니다. 하지만 이러한 가족애가 오히려 해외취업의 동력으로도 작용했다. 가족의 경제와 행복을 위해, 자녀를 키우기 위해, 집을 장만하기 위해, 미래에 잘 살기 위해, 현재의 고생쯤은 기꺼이 감수하려는 의지가 강해진 것이다.

가장과 떨어져 산 지 벌써 20년이 넘은 상코 가족. 이들 가족이 상봉하는 것은 1년에 한 번, 사우디아라비아에서 에어컨 수리기사로 일하는 아버지가 휴가를 맞아 집에 돌아올 때뿐이다. 50대 중반인 아내 마리아 상코는 20년 동안 남편이 송금하는 돈을 착실히 저축하며 억척스레 3남매를 키웠다. 남편이 보내는 돈은 한 달에 2만 8,000페소(약 69만 원)에서 3만 5,000페소(약 87만 원) 정도. 최소한의 생활비를 제외한 전부를 꼬박꼬박 가족에게 송금한다. 마리아는 남편이 보낸 돈을 허투루 쓴 적이 없다. 남편의 짐을 조금이라도 덜어주기 위해 부업으로 재봉일도 쉬지 않고 해왔다. 그녀의 남편은 사우디에 가기 전 통신회사의 운전기사로 일했는데, 그무렵 아직 어렸던 큰아들의 눈 수술비를 남편 월급으로는 도저히 감당할 수 없었다. 수술을 하지 않으면 실명할 수 있는 상황. 남편은 주저하지 않고 해외인력으로 지원했고 아내는 남편이 보낸 돈으로 아들에게 필요한 수술을 해줄 수 있었다.

1년에 한 번씩만 아버지를 만나며 자란 아이들이 이제는 어엿한 대학생이 되었다. 케이팝을 좋아하는 평범한 필리핀 소녀, 베티나 펠리치 상코는 태어나서 아버지를 딱 17번 만났다. 그녀 나이 17살인데 아버지가 1년에 한 번 집에 왔으니 실제로 만나본 것도

20년간 외국에서 일하는 아버지가 보내준 돈으로 마닐라 외곽에 집을 지은 상코 가족. 마닐라에 가득한 작은 집들은 모두 비슷한 이야기를 품고 있다.

17번이라는 것이다. 태어났을 때부터 곁에 없던 아버지 덕분에 대학도 들어가고 가난도 벗어나게 되었지만 그녀가 원하는 것은 딱하나, 아버지가 집으로 돌아오는 것이다. 대학에서 제약학을 전공하고 있는 베티나는 필리핀에서 프랜차이즈 약국 사업을 하는 게 꿈이다.

결혼생활 30년 중 20년을 떨어져 산 상코 부부. 가장의 희생으로 그들 가족은 가난에서 탈출하고 그토록 바라던 집도 지었다.

"처음 이 집을 지었을 때 눈물바다였죠. 남편과 한참을 집 밖에 앉아 있었어요. '이게 꿈일까? 정말 우리 집일까?' 우리는 그냥 웃었어요. 남편이 해외에서 일하며 번 돈의 가치가 있었으니까요. 저는 남편에게 이건 당신이 외국에서 일한 피와 땀이라고 말했어요."

중산층이 되고 싶다는 이들 가족의 꿈이 이뤄지는 데 20년이라는 시간이 걸렸다. 집을 장만하고, 차를 사고, 자녀들을 대학에 보냈다. 해외로 나가는 모든 필리핀 사람들이 꿈꾸는 일을 해낸 것이다. 마닐라의 야경을 수놓는 수많은 집집마다 상코 가족과 같은 사연들이 담겨 있다.

가족을 위해서라면 힘들어도 견딜 수 있다

뉴욕 필리핀 거주 지역에 위치한 한 식당. 일찍부터 필리핀 사람들로 꽉 차 발 디딜 틈이 없었다. 이 날은 그들에게 매우 특별한 날이었다. 필리핀의 세계적인 복서이자 필리핀 사람들의 영웅인 매니 파퀴아오(Manny Pacquiao)의 경기가 있는 날이기 때문이다. 응원을 위해 모인 사람들 중 상당수는 돈을 벌기 위해 미국 땅으로 건너온 노동자들이다. 먹고살기 바쁘지만 이날만큼은 고향 사람들과 함께 모여 응원을 하고 향수를 달랬다. 식당 종업원 타일린도 경기에 대한 기대감이 가득했다.

"오늘을 위해 하루 쉬려고 밤낮으로 일했어요. 이곳에 있는 모든 필리핀 사람들에게 큰 행사니까요."

간호사로 일하는 애드리안 카산드라도 흥분을 감추지 못했다.

"필리핀에 가족들이 많아요. 마닐라와 시골에요. 몸은 떨어져 있지만 우리 모두가 같은 민족이라는 걸 잘 알고 있습니다. 이렇게

뉴욕의 필리피노 거주지의 한 펍에서 파퀴아오를 응원하는 필리피노들. 이들은 대부분 미국 사회의 하층 노동을 담당한다.

함께 모이는 행사를 통해 제 자신이 필리핀 사람답게 느껴지고 우리나라를 자랑스럽게 여기게 되죠."

필리핀에서 이민 온 필리핀계 미국인인 식당 주인 레나 아벤툴라는 비록 필리핀을 떠난 지 오래 됐지만 마음만은 고향에 간 것같다고 말했다.

"현재 필리핀에 있는 제 가족들도 이 경기를 보고 있어요. 비록 전 필리핀계 미국인이지만 제 영혼과 가슴은 필리핀에 있습니다."

기존의 필리핀 해외취업자들은 주로 청소부, 가사 도우미, 정원사, 식당 종업원 등 하층 노동을 담당하는 경우가 많았다. 그러나 최근에는 변화가 생기고 있다. 해외 근로자의 반 이상이 대학교육을 받았을 정도로 학력도 높아지고, 취업 분야도 엔지니어나 회계사, 의사 등 전문직으로 확장되는 추세. 외화벌이의 양과 질이 함께 높아지고 있는 것이다.

국민 전체의 소득 수준에 비해 소비활동이 왕성한 것도 필리핀의 특징이다. 해외 취업자들이 머나먼 나라에서 열심히 번 돈의 대부분을 가족에게 고스란히 송금하면, 필리핀에 있는 가족들은 외국의 가족이 보내온 돈을 열심히 저축해 살림을 키우고 자녀를 대학에 보내며 중산층으로 성큼 올라선다. 여전히 빈곤층도 많지만 소비시장도 빠르게 성장하며 역동적으로 변화하고 있다.

같은 시각, 바다 건너 프랑스 파리. 이곳에서도 필리핀 사람들은 파퀴아오의 경기를 보기 위해 생업을 잠시 접고 한 데 모였다. 가족을 부양하기 위해 프랑스로 건너온 필리핀 사람들 중에는 10년에서 20년 넘게 장기간 거주하며 일하는 사람들이 많다.

유명 호텔에서 종업원으로 일하는 살디 알레오는 27세에 프랑스 땅을 밟아 어느덧 53세가 됐다. 25년째 파리에서 일하며 가족을 부양하고 딸들에게 고등교육도 시킬 수 있었다. 덕분에 큰딸은 런던에서 석사를 마치고 필리핀으로 돌아가 호텔 레스토랑을 경영하고 있고 둘째는 간호조무사가 됐다. 몇 달 후 필리핀에서 치를 큰딸 결혼식을 위해 고국으로 돌아갈 거라는 그의 꿈은 필리핀에서 새 사업을 시작하는 것이다. 파리에서 페인트공으로 16년 동안 일한 토마스 알레호도 몇 개월 후 필리핀으로 돌아가게 돼 들떠 있다고 했다. 정원을 가꾸고 페인트칠을 하며 한 달에 2,000유로씩

파리에서 잡부로 일한 지 5년째인 우노 로드리게스. 그는 필리핀의 한 대학 경영학 석사 출신이라고 했다.

가족에게 보내 뒷바라지를 하고 자식들 공부도 시켰다.

"프랑스에서 돈을 많이 벌지만 행복하지는 않아요. 저의 목표는 고향으로 돌아가는 거예요. 파퀴아오 경기를 텔레비전 생중계로 보는 건 처음인데 제가 필리핀 사람이라는 게 자랑스럽습니다."

필리핀에서 경영학 석사를 마쳤다는 우노 로드리게스는 고학력자임에도 불구하고 돈을 벌기 위해 해외취업을 한 케이스다. 두바이와 벨기에를 거쳐 5년 전 파리에 도착했을 때 처음에는 안 해본 일이 없다고 한다.

"정원사, 유리창 청소부, 집안 청소부, 애견 관리사, 집사 같은 일을 했어요. 지금은 이벤트업체에서 일을 해요. 필리핀에서 왕자였다면 여기선 개구리죠."

1999년에 파리에 왔다는 70세의 리실라 고스반따는 프랑스 가정집에서 유모로 일하며 고용주의 두 아이들이 태어나는 순간부터 학교 보내는 일까지 전담해왔다. 이곳에 오지 않았으면 필리핀에 있는 가족을 뒷바라지하기 어려웠을 거라고 한다. 그런 점에서 운이 좋은 거라고 생각하기도 하지만, 파리에서 12년째 일하고 있는 마이클 로사로처럼 언젠가는 반드시 고향으로 돌아가고 싶다는 것이 그들의 공통적인 바람이다.

　　"가족이 아니었다면 여기 안 왔겠죠. 그래도 우리가 일해서 보내는 돈이 나라 경제에 도움이 많이 될 거라고 생각합니다."

　　사연은 저마다 다르지만 대부분의 사람들이 언젠가는 고향으로 돌아가고 싶다고 말한다. 그들의 최종 목표는 집을 마련하고 가족이 함께 사는 것. 그때까지의 고단한 일상을 잠시 잊기 위해 함께 모여 파퀴아오의 경기를 보며 용기를 얻는다. TV 화면을 보며 응원을 하던 프랜시스의 말처럼 그들에게 중요한 건 당장의 승부 자체가 아니다.

　　"경기 결과와 상관없이 우리는 여전히 필리핀 사람입니다. 그게 스포츠죠. 우리는 계속해서 살아나가야 해요. 파퀴아오처럼 싸우는 겁니다."

　　앞날에 대한 희망을 갖고 있는 필리핀 사람들. 그들의 영웅인 파퀴아오의 시합에서 에너지를 충전하며, 내일은 좀더 나아진 삶을 살 수 있을 거라는 꿈을 간직하고 있다.

필리핀 인적자원의 고급화

풍부한 인적자원을 바탕으로 필리핀이 장악하고 있는 중요한
분야는 해외인력 말고도 BPO(Business Process Outsourcing) 시장
이 있다. BPO는 기업이 총무, 인사, 경리 등의 관리업무를 외부로
위탁해 대행시키는 것으로, 소프트웨어 프로그래밍, 데이터 처리
같은 IT 관련 업무와 고객응대 같은 콜센터 업무를 주로 한다.

BPO 시장의 최대 허브는 원래 인도였다. 그러나 몇 년 전부터
필리핀이 인도를 바짝 추격하기 시작했다. 필리핀의 BPO 시장은
110억 달러 규모(2011년 기준)로 성장했으며 그중 콜센터 업무는
세계 점유율이 20%를 넘어서면서 1위였던 인도를 제치고 글로벌
기업들의 아웃소싱 중심지로 자리매김했다. 실제로 마닐라를 중
심으로 한 인근 도시들에 각종 BPO 업체들이 대거 들어서고 있으
며, IBM, HSBC, JP모건, 씨티그룹 등 주요 글로벌 기업들의 BPO
기지가 필리핀에 마련되었다.

글로벌 기업들이 필리핀을 BPO 전초기지로 선택하는 이유는
필리핀의 풍부하고 저렴한 노동력 때문이다. 노동력의 질이 매우
좋은 것도 큰 원인이다. 콜센터 시장을 장악했던 인도의 경우 특유
의 인도식 영어 억양이 서구권 고객들의 거부감을 불러일으킨 반
면, 필리핀은 현지 언어인 타갈로그어와 함께 영어를 공용어로 사
용하고 있는 나라라 인도인보다 영어 발음이 좋기 때문이다. 게다
가 기업들이 지원자들의 발음과 표현기술, 고객 응대 능력, 전문

마닐라의 한 인력송출회사. 오늘도 많은 필리핀 서민들은 해외 일자리를 찾기 위해 이곳으로 모인다.

지식 등을 까다롭게 따져 뽑으면서 더욱 수준 높은 인력을 확보하고 있다.

필리핀은 교육열이 높고 대학진학률도 증가 추세라 글로벌 기업들이 원하는 인재가 풍부하다. 필리핀의 마닐라, 세부, 바기오 지역으로 근거지를 옮긴 인도계 BPO업체 이지스 피플 서포트(Aegis People Support, 이지스(Aegis)라는 인도계 회사가 미국의 피플 서포트(People Support)를 합병한 회사. 주요 고객으로는 익스피디아, JP모건 체이스, 워싱턴뮤추얼 등이 있다)의 경우 1주일에만 1,000명 이상이 콜센터 입사지원서를 제출하여 그중 5~10%만이 합격할 정도로 경쟁이 치열한데, 지원자들은 대졸 학력은 기본이고 영어발음과 표현력, 친절도, 컴퓨터 활용능력 등 까다로운 조건들을 통과해야 하는 것으로 유명하다.

필리핀 정부가 BPO 시장 확장을 위해 소득세와 관세를 일정 기간 면제해주는 등 글로벌 기업들에게 혜택을 주는 것도 중요한 원인이다. 그 결과 점점 더 많은 기업들이 필리핀을 BPO 거점으로 삼는 추세. 스타텍(Startek)은 지난 2008년부터 필리핀에서 업무를 시작해 현재 마카티 등 4개 지역에서 콜센터를 운영하고 있으며, 보험회사 업무를 대행하는 미국기업 EXL도 필리핀에서 콜센터를 운영 중이다. 이 회사의 경우 직원 2,000여 명 중 절반에 가까운 40%가 의사나 간호사 자격증을 보유하고 있을 정도로 직원 수준이 높다. IBM도 필리핀 현지 대학들과의 협력 프로그램을 통해 인재를 발굴하는 등 각 기업들이 우수한 필리핀 현지 인력을 채용함으로써 고용 창출에 기여하고 있다. 우리나라의 영어 사교육 업체인 '능률교육'도 화상수업 시스템과 연구개발센터 등 대규모 시설을 갖춘 직영 러닝센터를 마닐라에 열었다.

마카티, 보니파시오 등에 밀집해 있는 세계 각국의 글로벌 BPO 업체들은 필리핀 부동산 시장의 활황을 이끈 주된 원인으로도 꼽힌다. 회사 근처에 거주하려는 직원들 때문에 소형 아파트에 대한 수요가 급증했기 때문이다.

세계의 눈이 필리핀으로 향하면서, 해외취업으로 외화벌이에 앞장섰던 필리핀의 인적자원이 이제는 필리핀 안에서도 큰 역할을 하고 있다.

03

원하는 것은 무엇이든
이룰 수 있는 황금세대

모바일 세대의 네트워크 혁명

베트남의 젊은 도시 호치민. 한 10대 소녀가 거리에서 스마트폰을 손에 들고 뭔가에 집중하고 있었다. 소녀는 몇 시간 후에 열릴 베트남과 말레이시아의 청소년팀 축구경기를 위해 SNS로 거리응원전을 준비하는 중이었다. 어느덧 날이 저물고 경기 시간이 다가오자 수백 명의 젊은이들이 자기들끼리 미리 정해놓은 장소에 모여 분위기를 달궜다. 2,800만 대 이상 보급된 베트남의 스마트폰 데이터 사용량이 폭증한 날이었다. 스마트폰과 SNS로 소통하고 단합하는 젊은이들의 모습은 우리나라와 별반 다르지 않다.

아세안의 젊은 세대는 네트워크 혁명이라 할 수 있을 정도로 스마트폰 이용률이 높다. SNS를 전천후로 활용하여 정보에 밝으며

호치민의 한 광장. 일본과의 국가대표 축구 경기를 응원하기 위해 베트남의 젊은이들이 모였다.
이들은 모두 SNS로 소식을 접한 후 붉은 옷을 입고 모였다.

자신감이 넘치고 당당하다. PC 보급률은 낮지만 모바일 보급률은
매우 높은 것이 아세안의 특징. 컴퓨터 보급 단계를 뛰어넘어 모바
일 네트워킹이 급속히 진행된 것이다.

아세안 사람들이 많이 쓰는 메신저 프로그램 '비톡(Bee Talk)'은
2014년에 론칭한 후 4개월 만에 가입자 숫자가 1,000만 명을 넘
을 정도로 젊은이들에게 선풍적인 인기를 끌었다. 인구 대국인 인
도네시아도 PC 보급률은 10%도 안 되지만 모바일 보급률은 90%
가 넘으며 스마트폰 사용자도 1억 명이 넘는다. 모바일을 사용하
는 인도네시아 청년들 중 80%는 페이스북을 비롯한 SNS를 이용
한다.

이들에게 SNS 없는 생활은 상상할 수 없다. 지난 2014년 11월

글로벌 메신저 '라인'이 인도네시아에서 제작한 한 광고 드라마는 유튜브에 동영상을 공개한 첫날에만 100만 건의 조회수를 달성하면서 현지 젊은이들 사이에서 큰 인기를 끌었다. 첫사랑을 찾는다는 내용의 드라마로 인해 이 메신저의 '동창 찾기' 기능을 이용하는 숫자가 인도네시아는 물론이고 말레이시아, 필리핀 등지에서도 크게 늘었다.

기성세대와는 전혀 다른 새로운 삶의 방식에 익숙한 아세안의 모바일 세대. 그들은 자기 나라에 대한 자존심과 자부심도 무척 강하다. 축구경기가 열리는 날, 거리에서 만난 회계학 전공 대학생 빅(Bich)은 모바일 통신매체를 통한 지식정보를 그 원인으로 꼽았다.

"베트남은 발전할 거예요. 싱가포르 정도의 나라가 되려면 많은 시간이 걸리겠지만 그렇게 발전할 거라고 믿어요. 저희 부모님 세대는 통신매체를 많이 접하지 못해서 세계가 어떻게 돌아가는지도 잘 몰랐어요. 그렇지만 지금은 통신매체와 SNS가 발전되어서 더 많은 나라에 대한 지식을 넓히게 됐고 다른 나라의 생활방식도 알게 되었죠."

나라의 밝은 미래를 확신한다는 빅은 학점도 올리고 영어공부도 열심히 해서 좋은 회사에 들어가고 싶다고 한다. 경영학을 전공하는 안(An)도 비슷한 이야기를 했다.

"현재의 베트남의 모습은 10년, 20년 전의 사진과 많이 달라요.

자동차나 도로도 많이 생겼잖아요. 기술적인 면에서도 발전했고요. 정치는 관심이 별로 없어서 잘 몰라요. 그렇지만 우리의 생활방식이나 편의시설을 보면 나라가 발전하고 있다는 걸 알 수 있어요."

가까운 미래에 자기 나라가 급격히 발전할 것이라는 희망을 갖고 있는 젊은 세대들. KPMG 대표 필립 리는 이러한 요즘 세대를 다음과 같이 표현했다.

"아세안의 황금세대는 맨체스터 유나이티드가 영국 프리미어리그 우승을 하던 때를 떠오르게 합니다. 아세안 회원국의 젊고 생산적인 노동력을 황금세대(golden generation)라 부를 수 있는데요, 아세안의 인구 분포는 향후 20년간 계속 젊은 층에 머물면서 성장을 주도할 것입니다."

이들의 당당함과 자신감은 글로벌 정보를 실시간으로 접하는 모바일 세대의 특성이기도 하다. 소셜미디어를 통해 24시간 내내 온라인으로 연결되어 있는 '황금세대'. 그들이 끊임없이 갈구하는 것은 더 새로운 정보와 기술들이다.

23세 벤처사업가의 포부

변화의 바람은 보이지 않는 곳에서부터 불고 있다. 호치민의 도심 한 구석, 허름한 건물에 차린 작은 사무실에서는 아직 앳된 티가 가시지 않은 젊은이들이 옹기종기 컴퓨터 앞에 모여 열띤 토

스마트폰 애플리케이션을 개발하기 위해 의기투합한 23살 젊은 사장

론을 하고 있었다. 스마트폰 애플리케이션 개발을 위해 의기투합한 청년 벤처사업가들이다. 이 회사 대표 응우옌 호앙 쭝(Nguyen Hoang Trung)의 나이는 23세. 다른 직원들도 비슷한 또래다.

베트남에서 전도유망한 벤처사업가로 꼽히는 쭝은 한국 유학 경험도 있다. 그가 개발한 음식 배달 애플리케이션 '로지(Lozi)'는 음식 주문은 기본이고 사용자 취향을 분석해 메뉴와 주변 식당을 추천하는 등 다양한 서비스를 제공한다. 배달은 주문 후 15분 이내에 이루어지는데, 아직은 서비스 지역이 시내로 국한되어 있지만 장차 확대할 계획이라고 한다.

"로지의 웹사이트와 스마트폰 앱의 목적은 무엇을 먹을지, 어디서 먹을지를 해결해주는 거예요. 베트남 어디서든 내 주변에 있는 음식점을 찾아주는 거죠."

쭝이 이 앱을 개발하게 된 계기는 우연히 찾아왔다.

"예전에 제가 한국 유학을 마치고 다시 베트남에 돌아왔을 때, 뭘 먹어야 할지 생각이 안 나는 거예요. 여러 사이트에 접속해봤지만 결정을 못 했죠. 그래서 저처럼 뭘 먹고 싶은지 또는 어디서 먹어야 할지 궁금해하는 사람들의 문제를 해결할 수 있는 좋은 기회라는 생각이 들었어요. 한국, 미국, 일본의 비슷한 모델들을 살펴보고, 이러한 모델이라면 베트남에서 시도해볼 수 있지 않을까 생각했어요."

수익은 주로 식당 광고와 음식 배달로 올리는데, 높은 사업성을 보고 투자자들의 문의도 잇따랐다. 쭝과 직원들은 비슷한 서비스를 제공하는 베트남의 다른 경쟁업체보다 기능이 월등하다며 자신만만했는데, 실제로 다른 유사 사이트와 앱을 체크하며 장단점을 따져보고 경쟁업체에서 음식 배달도 시켜보며 서비스 개선에 활용하고 있었다. 해외 진출을 염두에 두고 있다는 젊은 사장의 포부는 제법 통이 크다.

"현재 저희 회사 인원은 20명 정도지만 앞으로 200명으로 늘어날 거예요. 베트남뿐만 아니라 다른 동남아 지역까지 진출할 수 있을지 투자자들과 상의하고 있어요. 더 많은 고용을 창출하고, 더 많은 나라에 진출하는 업체가 되고 싶어요. 앞으로 3년 내에 동남아시아 최고의 서비스를 구현할 거예요."

동료들도 패기가 넘치기는 마찬가지. 사장과 동갑내기인 후이

(Huy)는 벤처 창업을 통해 자신의 능력을 증명하고 싶었다고 한다.

"젊은이들의 열정이라고 할 수 있죠. 25살이 되기 전에 미친 짓을 해보고 싶었어요. 25살이 돼서 결혼, 연애에 대해 생각하기 전에 우선 이런 일을 해보고 싶었죠."

또 다른 동료 띤은 또래들과의 공감과 소통을 청년 창업의 에너지로 꼽았다.

"일을 할 때 문제가 발생해도 젊은이들끼리라 서로 더 잘 통하는 것 같아요. 중요한 것은 사고방식이에요. 나이를 먹을수록 겁이 많아지죠. 젊은이들은 원래 가진 게 없었으니까 잃을 것도 없어요. 실패는 당연히 두렵지만 실패한다고 해도 얻는 것이 있으니까요."

아직 젊기에 지금보다 앞으로가 더 기대되는 야심찬 창업자들. 2010년대 이후 매년 5% 이상 성장하고 있는 '아시아의 떠오르는 별' 베트남에는 폐쇄적인 부의 구조에 정면으로 맞서 미래의 기둥으로 성장할 이러한 미래자원들이 새로운 꿈을 꾸고 있다.

무엇이 베트남의 '스티브 잡스'를 가능하게 했나?

아이디어 말고는 가진 것 하나 없었던 베트남의 젊은이가 어떻게 창업을 하고 사장이 될 수 있었을까? 그것은 정부의 지원 하에 투자자를 만난 덕분이었다.

베트남 정부는 기존의 제조업 중심 산업구조에서 IT산업의 메카로 탈바꿈하기 위해 민간과 학교에 적극 투자하는 정책을 취하고 있다. 과학기술부에서 주관하는 창업 지원 정책인 'VSV(Vietnam Silicon Valley : 베트남 실리콘밸리) 프로젝트'는 인터넷, 모바일 앱, 온라인 게임, 전자상거래, 이러닝, 디지털 미디어 등 다양한 IT 분야의 스타트업(startup : 신생 벤처기업) 회사들을 대상으로 경영 컨설팅과 멘토링 교육을 제공하고, 가능성이 보이는 회사들에게는 1만 달러 이상을 투자할 뿐만 아니라 국내외 앤젤 투자자(Angel Investor : 기술력은 있으나 자금이 부족한 창업 초기의 벤처기업에 자금을 지원하는 개인투자자)와도 연결해준다. 'VSV 액셀러레이터'라는 조직에서는 앤젤 투자자가 투자한 스타트업 회사 및 투자금을 관리해주어 투자 과정 전체가 원활하게 돌아가게끔 조력한다.

VSV 프로젝트에서 가능성을 인정받고 투자자를 만난 젊은 창업자는 쫑만이 아니다. 개인이나 사업자들에게 금융 대출을 연계해주는 애플리케이션 회사 'LoanVi'도 쫑의 회사 '로지'처럼 VSV 프로젝트를 통해 투자 지원을 받은 케이스. 불과 27세에 불과한 이 회사 대표 응우옌 득 하이(Nguyen Duc Hai)는 베트남 정부뿐만 아니라 한국과 칠레의 업체에서도 지원을 받고 있다며 투자 기회를 더 많이 찾을 수 있다고 확신했다. 미국 유학파 출신의 엘리트인 그는 불과 몇 년 사이에 베트남의 창업 열기가 확연히 달라졌다고 말했다.

"5년 전만 해도 사업을 하려는 젊은이들이 많이 없었어요. 부모님들은 자기 자식이 사업을 하기보다는 공무원이 되거나 글로벌 기업에 취직하기를 원했죠. 더 안정적이니까요. 그런데 지금은 완전히 달라졌어요. 젊은이들은 스스로 사업을 할 수 있다는 자신감이 커졌고 부모님들의 사고도 개방되었어요. 창업 환경이 나아지고 있기 때문이죠. 저희 회사의 경우에도 경쟁자는 많아진 반면 외국 기업들과의 합작과 투자 기회가 더 다양하고 편리해졌어요. 10~20년 전에는 어려운 일이었을 거예요."

이러한 스타트업 기업들을 대상으로 트레이닝 교육을 제공해 창업에 도움을 주는 인큐베이터 기업들의 움직임도 활발하다. 베트남 최대의 인큐베이터 기업 토피카(Topica)에서 운영하는 15주짜리 트레이닝 코스를 졸업한 스타트업 기업들은 2014년도에만 11개에 달했다. 베트남의 대표적인 테크놀로지 회사 FTP에서 운영하는 인큐베이터 기업 피코(FICO)를 비롯, 다양한 기업들이 젊은 창업자들이나 창업을 희망하는 대학생들에게 교육의 기회를 제공해 청년 창업을 돕고 있다.

그 결과 지금 베트남은 IT 기반의 벤처 창업 열풍이 매우 뜨겁다. 배달 앱을 만든 쭝, 금융 앱을 만든 하이처럼 '베트남의 스티브 잡스'를 꿈꾸는 젊은 창업자 수가 폭증하고 있고, 창업박람회장에 선보여지는 제품들에는 신선한 아이디어들이 가득하다.

제작진이 찾은 한 창업박람회장(2015 테크페스트)도 자신이 만든 제품과 회사를 알리려는 젊은 창업자들과 투자 기회를 찾으러

하노이에서 열린 한 창업박람회장. 베트남의 스타트업은 투자자와 창업자들 간의 뜨거운 열정을
바탕으로 성장하고 있다.

온 투자자들로 발 디딜 틈 없이 붐비고 있었다. 소셜미디어 모니
터링 제품을 개발하여 창업박람회에 참가한 응우옌 자이 찌에우
(Nguyen Dai Trieu)는 동남아시아뿐만 아니라 영미권으로 진출하
고 싶다고 말했다. 목표하는 투자 유치 금액은 100만 달러. 그는
자기 회사 제품이 베트남 최고 수준이기에 베트남 시장을 발판 삼
아 얼마든지 해외로도 진출할 수 있다고 자신했다. 온라인 게임용
가상현실 안경을 개발한 쩐 민 득(Tran Minh Duc)는 창업박람회에
참가해 제조 및 유통 파트너들을 많이 만날 수 있었다며 기대감을
드러냈다. 베트남 시장에 진출하기 위해 외국에서 온 창업자들도
있었다. 레스토랑이나 호텔 객실에서 쓸 수 있는 태블릿 기기를 개
발한 네팔 출신의 산지프는 '베트남의 창업 열풍이 상상 이상'이라

고 하면서, 시장이 개방되고 성장 가능성도 높기에 외국인 창업자들의 진출도 늘어나고 있다고 말했다.

이러한 창업 시장에 대해 외국인 투자자들도 높은 관심을 보이고 있다. 싱가포르의 벤처 캐피털 회사 '엑스파이어'의 대표로 베트남 창업박람회에 투자자로 참여한 투자전문가 에이브러햄은 현재 동남아시아는 전 세계에서 가장 생동적으로 움직이는 벤처 캐피털 시장이라고 말했다. 앤젤 투자자가 본인의 자산을 투자한다면 벤처 캐피털 투자자는 타인의 자금을 투자하는 개념인데, 동남아시아는 벤처 캐피털 투자자들에게도 가장 관심 있는 시장이 되었다는 것이다. 싱가포르에 이어 태국과 말레이시아, 그리고 최근에는 베트남 창업 시장이 뜨겁다고 한다. 이러한 현상을 두고 그는 다음과 같이 말했다.

"베트남 정부가 스타트업과 벤처 캐피털 시장에 대해 적극 지원하고 있다는 인상을 받았습니다."

'VSV 프로젝트'의 책임자 탁 래 아인(Thach Le Anh)은 베트남의 창업 환경이 좋아지고 있는 데다 젊은이들의 성공에 대한 의지가 높아 미래가 낙관적이라고 이야기한다.

"베트남의 젊은이들은 꼭 대기업에 취업하지 않더라도 자신의 꿈을 이룰 수 있습니다. 그러한 환경을 만들어주기 위해 정부에서 노력하고 있어요. 예로부터 베트남 사람들은 머리가 좋고 성공에 대한 강한 의지를 갖고 있죠. 한국인들처럼요."

시장을 빠르게 읽고 직접 회사를 차릴 패기를 가진 베트남의 젊은이들. 그리고 이들을 지원하는 정부 정책. 베트남 젊은이들을 주축으로 한 '창업 열풍'에는 이러한 배경이 뒷받침되고 있다.

취업박람회장에 희망이 넘친다

젊은이들의 에너지가 창업에만 집중되어 있는 것은 아니다. 안정적인 직장을 찾아 좋은 회사에 취직하려는 취업준비생들의 눈빛에도 자신감이 넘친다.

30여 개의 기업이 참가하고 4,000명 넘는 대학생들이 몰려온 베트남의 한 취업박람회장. 단정한 복장을 하고 면접 순서를 기다리는 학생들의 표정에는 긴장과 기대가 교차했다. 대부분의 대학생들이 가장 선호하는 직장은 '인텔' 같은 글로벌 기업들.

대학에서 무역을 전공한 여대생 응우엔 래 뀐 아인(Nguyen Le Quynh Anh)은 작년부터 두 군데의 회사에서 인턴 경력을 쌓으며 영어 관련 자격증 시험을 준비하던 중 이번 취업박람회에 참가했다고 한다. 고향을 떠나 대도시의 튼튼한 기업에 취직하는 것은 그녀를 비롯한 수많은 베트남 대학생들의 희망이다. 좋은 회사에 취업하기 위해선 영어 실력이 관건이라는 것이 베트남 젊은이들의 상식. 글로벌 기업에 취직하고 싶다는 래 넛 타인 리엠(Le Nhat Thanh Liem)도 박람회에서 몇몇 회사의 면접을 치러보며 영어회화 실력을 더 키우겠다고 다짐했다.

"취업박람회 경험은 제 부족함을 극복하고 취업 준비를 더 잘할 수 있게 해줘요. 고향에 돌아가기보다는 도시에서 취업 기회를 찾고 싶어요."

이번 취업박람회는 호치민에 있는 베트남 국립대학교 소속의 국제대학교(Hochiminh City Vietnam National University)에서 주최했다. 이 대학의 호 타인 퐁(Ho Thanh Phong) 총장은 매년 개최하는 취업박람회에 점점 더 많은 학생들과 기업들이 참가하고 있다며, 베트남 젊은이들의 취업 전망은 밝다고 말했다.

"금융, 전자, IT, 서비스 등 다양한 분야의 국내외 기업들이 참가했습니다. 대학생들은 특히 IT 기업들에 관심이 많죠. 확실한 것은 대학생들의 취업 기회가 더 많아질 거라는 점입니다. 박람회에 대한 학생들의 만족도도 매우 높습니다. 학생들이 다른 대학에 다니는 친구들도 많이 데리고 오거든요."

박람회에 참가한 한 회사의 면접 담당자는 글로벌 환경에서 능숙하게 일할 줄 아는 베트남 젊은이들에게 다양한 취업 기회가 주어지고 있다고 설명했다.

"베트남, 말레이시아 등 급성장을 하고 있는 나라에서는 많은 것들이 빠르게 움직이고 있고 새로운 회사들이 많이 설립되고 있습니다. 매우 흥미로운 환경들이 생성되고 있죠."

이 회사만 해도 사무실은 호치민에 있지만 말레이시아, 이스라

전 세계 중위연령 비교

아세안		아세안 외 주요 국가	
브루나이	29.3세	미국	37.6세
캄보디아	24.1세	한국	40.2세
인도네시아	29.2세	일본	46.1세
라오스	22.0세	스페인	41.6세
말레이시아	27.7세	스위스	42.0세
필리핀	23.5세	영국	40.4세
베트남	29.2세	이탈리아	44.5세
싱가포르	33.8세	프랑스	40.9세
태국	36.2세	독일	46.1세
		호주	38.3세
		중국	36.7세
		홍콩	43.2세

＊중위연령(median age)이란 전체 인구를 연령의 크기순으로 일렬로 세워 단순히 균등하게 2등
분한 것이다. 하나의 지표를 사용하여 인구의 연령 특성을 파악하는 것으로 연령분포 자체가
비대칭이기 때문에 평균 연령보다 인구의 연령특성을 더 잘 파악할 수 있다. 주로 인구노령화
의 지표를 알아보는데 사용한다.

＊출처 : CIA(Central Intelligence Agency), 2014

엘, 아이슬란드, 코스타리카, 미국인 직원들이 함께 일한다고 한
다. 그래서 이러한 취업박람회를 통해 커뮤니케이션 능력과 오픈
마인드를 가진 젊은 인재를 찾아나서는 것이다.

　마치 흥겨운 축제와도 같은 분위기의 취업박람회장에서 미래의
희망을 찾고 있는 베트남 대학생들. 테크놀로지와 네트워크에 익
숙한 지식형 인재들이 매년 쏟아지고, 글로벌 기업들은 이들에게
기회의 문을 활짝 열어주고 있다.

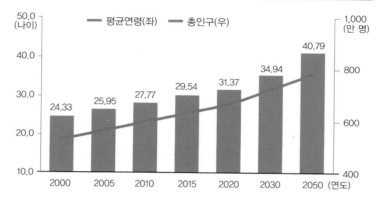

아세안 평균연령과 인구성장 전망

＊2012년도 아세안의 Y세대(15~29세)는 1억 6,000만 명으로 전체 인구의 27%를 차지했다. 중국은 24%, 러시아는 23%였다.

＊출처 : UN Population division/삼성경제연구소

　　인구 9,000만 명 중 30세 이하가 6,000만 명에 달하는 베트남은 건국 이래 경제활동 인구가 가장 많은 수치를 기록하는 가운데 오는 2040년까지 '황금인구 시대'를 맞이할 것으로 관측되고 있다(출처 : 유엔인구기금(UNFPA)). 특히 베트남의 '땀엑스(1980년대 출생자)'와 '찐엑스(1990년대 출생자)'는 전쟁을 경험하지 않은 데다 1986년 '도이모이 정책'으로 인해 시장경제와 국제화에 익숙한 세대다. '도이모이'(doimoi : 쇄신, doi(변경)+moi(새롭다) = 쇄신)란 1986년 베트남 공산당 대회에서 내건 슬로건으로, '경제 우선 개방 및 개혁 정책'을 뜻한다. 공산주의를 유지하되 자본주의를 접목시키겠다는 것으로, 이 정책 이후 외자 유치가 급증하고 경제가 급

성장했다.

이 때문에 '가난'과 '게으름'으로 표현되던 동남아시아의 이미지는 지금의 20~30대 세대에는 더 이상 어울리지 않아 보인다. 무엇보다도 아세안 10개국은 통계적으로 청년 인구 비율이 가장 높은 지역이다. 세계 인구가 급격히 고령화되고 있는 현상과 달리 아세안은 아직 젊다. 10개국의 평균연령은 29세, 전체 인구의 60%가 35세 이하다. 고령화 척도를 나타내는 중위연령이 한국과 일본은 이미 40세를 넘어선 것과 달리 아세안은 20대가 대부분이다. 왕성한 생산력과 소비력을 지닌 연령대가 국가의 허리가 되고 있다는 이야기다.

차세대 주역이 될 아세안의 황금세대. 옛 동남아시아의 가난과 무능력과 부패를 거부하며 기성세대와는 전혀 다른 사고방식으로 글로벌 환경에서 빠르게 주인공이 되고 있다.

시대를 읽어낸
슈퍼리치
04

아세안의 슈퍼리치

인도네시아의 수도 자카르타 외곽에 위치한 마을 '끄바요란 바루(Kebayoran Baru)'는 '인도네시아의 비버리힐즈'라 불리는 곳이다. 왜 이런 별명이 붙었는지는 저마다 위용을 자랑하는 호화로운 대저택들의 풍경만으로 알 수 있다.

주택 가격만 평균 30억 원을 넘는 이 부촌에는 사업가 랄 디실바의 집이 있다. 그는 전국적으로 35개의 베이커리와 레스토랑을 가지고 있는 인도네시아 요식업계의 큰손이다. 직원 숫자만 2,500여 명. 인도네시아에서 개인으로는 가장 많은 외식 체인을 운영하고 있다. '2015년 인도네시아 최고의 베이커리 업체'로 선정되기도 한 그의 매장은 특히 중상류층 여성 손님들에게 인기다.

인도네시아의 비버리힐즈라 불리는 끄바요란 바루

세련된 건물에 화려한 인테리어, 보는 것만으로도 탐스러운 색색의 컵케이크와 고급스러운 마카롱 등이 손님들의 오감을 사로잡는다.

스리랑카 출신인 그는 20년 전 인도네시아에 정착해 12년 전에 사업을 시작했다. 포시즌 호텔에서 근무하던 그는 인도네시아에 새로운 외식 트렌드가 생겨나고 있음을 직감했다. 호텔에서 나와 미국의 디저트 전문 프랜차이즈 '치즈케이크 팩토리'를 2년간 운영하며 경험을 쌓은 후 자신의 사업을 본격적으로 시작했다. 그리고 12년이 지난 지금 35개의 체인점을 운영하는 성공적인 사업가가 되었다. 연평균 성장률 30%, 2014년도 한 해 매출은 550억 원을 기록했다.

사업이 안정화되면서 랄의 생활에도 여유가 생겼다. 매일 아침

'2015년 인도네시아 최고의 베이커리 업체'로 선정된 랄 디실바의 매장. 세련된 건물에 화려한 인테리어, 탐스러운 색색의 컵케이크와 고급스러운 마카롱 등이 손님들의 오감을 사로잡는다.

에스프레소에 스팀우유를 섞은 커피 한 잔을 마시는 것으로 하루를 시작하지만 출근 시간은 그날의 스케줄에 따라 마음대로 조정할 수 있다. 정해져 있는 것은 그의 출근 차량뿐이다. 그가 출근할 때 타는 차는 세계 3대 명차 중 하나인 롤스로이스. 우리 돈으로

롤스로이스, 람보르기니, 페라리, 벤츠 등 슈퍼카 7대를 '내 장난감들'이라 부르는 동남아시아의
슈퍼리치

4억 원이 넘는 최고급 세단이다. 그의 자택 차고에는 이 차뿐만 아
니라 7대의 슈퍼카가 고이 모셔져 있는데, 롤스로이스, 람보르기
니, 페라리, 벤츠 등 그가 '내 장난감들'이라 부르는 자동차들의 가
격을 합하면 45억 원이 넘는다. 랄의 이 같은 성공은 인도네시아
중산층의 급격한 성장과 맞물려 있다는 점에서 기존의 동남아시
아 부자들과는 사뭇 다르다.

  "인도네시아는 소비자 시장이 무척 거대하죠. 제가 사업을 시작
한 12년 전만 해도 중산층이 많지 않았지만 정권이 교체되고 나서
는 중산층이 성장하고 있습니다. 제 사업의 주된 고객층이 바로 중
산층입니다. 그들은 저희 식당과 같은 곳에서 근사한 식사를 즐기
고 멋진 옷과 자동차를 구입할 수 있게 됐죠."

무엇보다 그는 AEC 출범을 고대하고 있었다. 자신의 매장을 아시아의 다른 국가들에서도 규제 없이 확장할 수 있기 때문이다. 앞으로 자신의 체인점을 인도네시아 국내는 물론이고 외국에서도 늘려갈 것이라는 그의 자신감은 결코 허황된 꿈으로 들리지 않는다.

중산층의 확장을 예감하고 트렌드를 포착해 스스로 '슈퍼리치'가 된 랄. 그와 같은 아세안 슈퍼리치들의 호화로운 삶의 풍경은 더 이상 드문 모습이 아니다. 슈퍼카를 '장난감' 삼아 수집하는가 하면, 같은 차를 소유한 사람들끼리 동호회를 결성해 영화의 한 장면 같은 레이싱 이벤트를 개최하기도 한다. 인도네시아는 2012년도 페라리 판매율이 아시아 2위를 기록하는 등 페라리 아시아 시장의 35%를 차지하고 있는 나라이기도 하다.

최근 아세안 부유층의 비율은 국가별로 계속해서 증가하고 있다. 2013년도의 통계에 의하면 백만장자(금융자산을 100만 달러 이상 보유한 인구) 증가율은 태국(8만 명)이 9.2%, 인도네시아(4만 명) 7.5%, 말레이시아(6만 6,000명)가 6%였다(출처 : 글로벌 컨설팅업체 캡제미니(Capgemini), RBC(캐나다왕립은행) 자산관리회사에서 공동 조사한 '아시아-태평양 지역 부유층 금융자산 보고서(Asia-Pacific wealth report)').

천만장자 인구도 2012년에서 2013년 사이에 말레이시아가 7.6%, 필리핀 5.5%, 인도네시아 4.7%, 태국 4.2%씩 각각 증가했다(출처 : 싱가포르 자산연구기관 웰스X, 스위스연방은행이 공동 조사한 '국가별 억만장자 인구 조사(Wealth-X and UBS billionaire census)´).

동남아시아는 빈부 격차가 큰 것으로 알려져 있다. 초호화 저택에 살며 슈퍼카를 장난감 삼아 수집하는 럭셔리한 일상을 누리는 삶이란 아세안 사람들 대다수의 삶과는 다소 동떨어져 있을 수도 있다. 그러나 슈퍼리치의 겉모습 자체보다 더 주목되는 것은 중산층의 괄목할 만한 증가 양상, 그리고 이 같은 사회 변화를 포착해 스스로 부를 축적하고 있는 슈퍼리치들의 영리함과 자신감일 것이다.

베트남 '명품 왕'이 생각하는 부자의 책임감

'극단적인 부'와 '극단적인 가난'. 극소수 부유층이 족벌적이고 폐쇄적으로 유지되어온 반면 국민들의 상당수는 빈곤층을 벗어나지 못했던 모순적인 땅. 그러나 요즘 동남아시아에는 기존의 세습적인 부의 고리를 끊고 새로운 방식으로 자신의 욕망을 실현하는 신흥 부자들이 등장하고 있다. 부를 쌓는 과정이 점차 다양한 형태로 분화하고 있는 것이다.

베트남 호치민 시의 푸미흥. 집 한 채 가격이 수십억 원에 달하는 부촌이다. 잘 단장된 깔끔한 정원에 분수와 수영장 등을 두루 갖춘 강변의 한 초호화 대저택. 집 면적만 4,000제곱미터가 넘고, 차고에는 한정판 롤스로이스와 마이바흐, 벤틀리 등 총 30억 원

호치민에 있는 응우옌의 저택. 그는 가장 성공한 베트남의 신흥 부호로 평가된다.

이 넘는 슈퍼카들이 즐비하다. 집 앞에 정박되어 있는 롤스로이스 요트로는 언제든지 강 위를 질주할 수 있다. 입이 쩍 벌어질 정도로 럭셔리한 이 대저택의 주인은 베트남 굴지의 재벌 조나단 회장이다. 베트남 IPP그룹(Imex Pan-Pacific Group INC.)의 회장 조나단 한 응우옌(Johnathan Hanh Nguyen)은 28개의 계열사와 직원 2만 2,000명을 거느린 베트남 명품산업의 왕이다. IPP는 호치민에 위치한 프라이빗 홀딩 무역 투자 회사로 베트남의 요식업 및 명품산업을 장악하고 있는 연 매출 48억 달러 이상의 기업체다. 베트남 면세점 시장의 80%를 차지하는 회사로 샤넬, 버버리 같은 주요 명품 패션브랜드들과 헤네시, 모엣 등 주류 브랜드들을 독점 유통시키고 공항과 주요 입지에 레스토랑과 카페를 운영한다. 대부분의 명품브랜드들이 그의 손을 거쳐 백화점에 입점하며, 버거킹, 던킨

베트남 IPP그룹(Imex Pan-Pacific Group INC.)의 회장 조나단 한 응우옌은 28개의 계열사와 직원 2만 2,000명을 거느린 베트남 명품산업의 왕이다.

도너츠, 도미노피자 등 유명 패스트푸드 매장도 80개나 열었다.

그의 가족은 베트남의 대표적인 셀러브리티다. 영화배우 출신의 부인은 영화계를 은퇴한 후 직접 사업을 하고 있으며 자식들 중 아들 둘도 해외유학 후 돌아와 경영수업을 받고 회사를 운영하고 있다. 아버지에 이어 둘째 아들 루이스 응우옌도 베트남 유명 여배우 탕 타인 하(Tang Thanh Ha)와 결혼하여 화제가 된 바 있다.

조나단 회장이 지금의 부를 일구게 된 것은 명품산업에 대한 소비 패턴을 정확히 예측했기 때문이다. 원래 미국에서 사업을 했던 그는 1985년 베트남 호치민과 필리핀 마닐라를 연결하는 항공편을 최초로 만드는 업적을 세운 후 베트남에서 본격적으로 투자사업을 시작했다. 그의 고향인 나트랑에 지퍼공장을 세워 생산시설에 투자한 그는 곧이어 관광용 호텔을 지으면서 면세점 사업에 손을 뻗쳤다. 장차 명품산업이 성장할 것이라 간파하고 베트남 국제공항 면세점에 최초로 명품을 들여왔다.

"요즘 사람들은 명품을 좋아해요. 경제적으로 안정되면 명품을 찾게 마련이죠. 20년 전에 베트남 사람들은 명품을 접할 기회가 없었어요. 그 당시에는 관광객도 많지 않았죠. 그래서 국제공항에 있는 면세점에 집중했어요. 베트남 인구가 증가하고 GDP가 올라감에 따라 소비자들의 제품구매 요구도 증가하게 되었어요. 제가 세운 백화점 10개와 명품매장 48개가 베트남 관광 발전에 많은 기여를 하고 있죠."

그는 명품산업을 잠재적 성공 가능성이 큰 분야라고 말했다. 베트남에서는 이제야 발을 내딛기 시작했지만 앞으로 더욱 발전할 거라고 자신했다. 국제적인 감각과 선견지명으로 부를 일구고 일자리 창출에 앞장선 그는 AEC 출범과 더불어 더욱 증가할 국제관광객을 타깃으로 사업을 확장할 계획이라며 앞날에 대한 포부도 밝혔다. 재벌로서의 남다른 사명감도 가지고 있었다. 가업을 이어받을 아들들에게 개인적인 이익보다 베트남 경제 발전이 우선임을 늘 강조한다는 것이다.

"저는 어떤 브랜드를 경영할 것인지 결정할 때 가족 모두의 의견을 들어요. 왜냐하면 나이가 많은 사람보다 젊은이들에게 항상 현명한 아이디어가 있기 때문이에요. 젊은 사람들의 미래가 곧 나라

응우옌의 아들 루이스. 아버지의 사업을 이어받기 위한 경영 수업 중이다.

의 미래입니다. 저는 늙은 세대지만 이제 이런 부는 젊은이들이 물려받아야 합니다. 나라의 부가 늘어날 수 있도록 젊은이들에게 더 많은 기회를 주고 지원해주어야 합니다. 베트남의 부자가 100명이 아니라 몇 백만 명이 되기 바랍니다. 또 그렇게 될 것이고요."

아들 루이스도 자신의 아버지가 이야기한 '부자로서의 책임감'에 의미를 부여했다.

"30년 전 아버지는 베트남에 아무것도 없이 돌아오셨어요. 작은 사무실로 시작해 열심히 해오셨죠. 명품 브랜드부터 쇼핑몰까지 여러 사업을 키우셨습니다. 저는 이렇게 럭셔리한 것들을 누리고 있지만 또한 많은 책임감이 따르죠. 나라의 발전에 기여하고, 사람들을 위해 일자리를 제공해야 하고, 여러 서비스를 제공해야 합니다."

새로운 방식과 관점, 글로벌 마인드와 전문성을 갖춘 신흥 부자들의 등장은 성공에 대한 욕망을 품은 아세안 청년들에게 부의 실현이 결코 불가능한 것이 아니라는 메시지를 전하고 있다.

필리핀 여성 벤처사업가의 인재육성사업

새로운 형태의 부가 꼭 재벌기업에 의해서만 창출되는 것은 아니다. 열린 사고를 지닌 젊은 사업가들이 순수한 자신의 실력으로 성장한 후 일자리 증대에 앞장서며 지역 경제를 살리고 있기 때문이다.

필리핀에서 가장 가난한 섬 민다나오. 오랜 내전으로 '분쟁의 땅'이라 불리던 곳이다. 최근 이 섬은 IT산업을 중심으로 한 고용 창출로 젊음과 활력이 넘치는 곳으로 바뀌고 있다. 변화를 주도한 주인공은 '신택틱스(Syntactics)'라는 IT회사를 운영하는 30대 후반의 여성 벤처사업가 스테파니 카라고스(Stephanie Caragos)다.

그녀는 대학에서 정보경영학을 전공한 후 소프트웨어 개발 사업을 시작했다. 대학 동기와 둘이서 지금의 회사를 차린 건 2000년도다. 대부분의 친구들이 대도시에 가서 전공과 상관없는 직장을 구하느라 고군분투할 때 그녀는 자신이 나고 자란 카가얀데 오로 시에 회사 터를 잡았다. 작은 사무실에 컴퓨터 한 대, 프린터와 스캐너 한 대씩이 전부였다. 하지만 그녀의 선택은 탁월했다.

마닐라에 있는 대기업들의 유혹을 물리치고 고향에서 스타트업을 시작한 스테파니. 그녀는 고향을 발전시키는 길이 필리핀을 강하게 만드는 길이라 믿는다.

외국 기업의 홈페이지 관리와 웹디자인, 온라인 마케팅 분야까지 사업을 확장하며 2006년에는 회사를 상장했다. 900개가 넘는 웹사이트를 제작하고 50개 이상의 비즈니스 시스템과 솔루션을 개발하며 무섭게 성장, 경영혁신 상을 수차례 수상할 정도로 필리핀의 영향력 있는 IT 개척자로 인정받았다. 지금은 70여 명의 직원의 직원을 거느린 회사가 되었는데, 직원 모두 이 지역 젊은이 중에서 뽑았다.

젊은 나이에 중견 IT회사 CEO가 된 스테파니의 관심은 단지 회사 매출에만 있지 않다. 그녀가 가장 큰 관심을 두고 있는 건 지역 사회 청년들의 미래다. 젊은 세대에게 숨겨진 가능성이 많으며 그들에게 기회만 제공한다면 충분히 성공할 수 있다는 믿음이 강하

영어에 능통한 필리핀 민다나오의 젊은이들은 스테파니가 세운 회사에서 글로벌 기업들의 게시판과 고객관리 시스템 등을 개발해 납품한다.

다. 지난 2008년 그녀가 시작한 'Let It Help'라는 인재 육성 사업은 청년들에게 전문적인 기술교육을 시켜 기업들이 원하는 인재로 성장시키는 프로그램이다.

"젊고 재능 있는 사람들이 IT를 전공하고 있습니다. 만약 그런 젊은 자원들이 없었다면 이 사업을 시작하지 않았을 겁니다. Let It Help의 궁극적 목표는 현장에서 실제로 필요한 기술을 훈련시키는 것이죠. 많은 사람들이 대학을 졸업한 후에는 더 이상 공부하지 않아 실력이 향상되지 않는데 실제 현장에서 쓰이는 기술과 지식을 더 획득하여 직업을 가질 수 있는 기회를 줘야 해요. 그들이 야망을 가지고 성공할 수 있게 추가적인 기술들을 제공하는 거죠. 필리핀에서는 평균적으로 1명이 5명의 가족들을 부양하기 때문에 젊은이들에게 일자리를 제공하는 것이 중요합니다. 훈련과정을 통해 저희 회사에서 일할 인재도 구하고 다른 회사에 정규직으로 추천하기도 하죠."

이 사업을 통해 많은 취업준비생들이 실질적인 도움을 받으며 일자리를 구하고 있다. 여러 지방 도시들을 방문해 IT업계에 대한 대학생 진로 상담과 세미나를 진행하고 기술 훈련 과정을 제공하는데 기업들과 젊은이들에게 인기다.

스테파니의 회사가 있는 카가얀 데 오로 시에도 최근 몇 년간 많은 회사들이 문을 열면서 일자리도 더 많아졌다. 그녀는 대학 졸업 직후부터 미국, 유럽 등의 IT회사에서 함께 일하자는 스카우트 제의를 많이 받았지만 좋은 조건이었음에도 불구하고 다 거절했다. 고향을 지키고 싶었던 것이다.

"저는 제가 태어나고 자란 카가얀 데 오로를 사랑해요. 이곳에서 사업을 시작하게 된 주된 이유도 이 지역 젊은이들에게 일자리를 제공하기 위해서였어요. 물론 큰 도시에는 기회가 많이 있겠죠. 하지만 우리는 카가얀 데 오로의 경제를 발전시켜야 해요."

그녀의 목표는 앞으로 자신의 회사를 계속 성장시켜 이 지역 젊은 인재 300명을 더 채용하는 것이다. 이를 위해 인재 교육과정을 더 확대해 더 많은 젊은 지식노동자들이 제 역할을 하길 바라고 있다. 필리핀의 IT 분야 발전에 대한 그녀의 믿음은 확고하다.

"필리핀 사람들은 천성이 일을 열심히 합니다. 상황이 좋지 않으

스테파니의 회사에 취업이 확정된 미아 로드리게스. 그녀는 모든 카가얀 데 오로 젊은이들이 꿈꾸는 것을 이룬 행운아라고 말한다.

면 더욱 열심히 하죠. 제가 알기로 필리핀은 예전에는 한국보다 잘 살았던 나라예요. 그런데 한국은 계속 발전하고 필리핀은 일정 부분 멈춰 있었죠. 좋은 리더와 리더십만 있다면 필리핀도 충분히 발전할 수 있다고 생각해요."

스테파니의 '고집' 덕분에 이 지역 젊은이들은 많은 기회를 얻게 됐다. 대학에서 IT를 전공한 후 까다로운 훈련과정을 통과하여 스테파니의 회사에 합격한 20대 여성 미아 로드리게스에게 있어 스테파니는 상사나 사장이기 이전에 본받고 싶은 롤 모델이다.

"같이 졸업한 친구들에 비하면 저는 행운아예요. 졸업하자마자 직장을 구했잖아요. 신택틱스에 입사하게 되어서 매우 자랑스러워요. 신택틱스는 지역 발전에 많은 도움을 주고 있어요. IT에 관련된 노하우로 이 지역에 정보를 제공하고 이벤트를 창출하며 큰 발전을 이끌고 있죠. 저도 다른 사람들이 꿈을 이룰 수 있게 도와주고 싶어요."

스테파니의 회사는 지역 젊은이들에게 든든한 울타리가 되고 있다. 미아도 선배들의 도움을 받으며 당당한 인재로, 필리핀의 힘으로 성장할 것이다.

섬유제조시장을 패션시장으로 바꾸다

무슬림의 히잡 안에 숨어 있던 인도네시아 여성들. 최근 그녀들의 가장 큰 관심사는 놀랍게도 '패션'이다.

1990년대부터 인도네시아 신세대 여성들 사이에서는 새로운 바람이 불었다. 인도네시아 최대 미디어그룹인 페미나(Femina)에서 발행하는 여성잡지 판매부수가 급격히 늘어난 것이다. 중산층으로서의 자신감을 갖게 되면서 라이프스타일에 대한 관심이 자연스레 높아진 까닭이다. 라이프스타일을 신경 쓰기 시작했다는 것은 곧 외모와 패션에 주목하고 소비생활을 주도하기 시작했다는 뜻이다.

1972년에 설립된 페미나그룹은 인도네시아에서 최초로 현대 여성을 위한 패션잡지를 펴낸 이래 현재 14개의 잡지를 발간하고 있다. 잡지에 그치지 않고 자국 패션산업 발전에 앞장서고 있는데,

인도네시아 최대 미디어그룹인 페미나(Femina)의 사무실 모습. 무슬림의 히잡 안에 숨어 있던 인도네시아 여성들의 가장 큰 관심사는 패션이다.

이러한 흐름을 주도한 이는 페미나그룹의 CEO이자 자카르타 패션위크 회장인 스비다 알리스자바나(Svida Alisjahbana)다.

"페미나의 대표적인 여성잡지인 '드위 매거진(Dewi Magazine)'은 1990년대 라이프스타일 매거진으로 시작했습니다. 패션과 라이프스타일에 대한 여성들의 관심도가 높아지고 인도네시아에 첫 명품 매장이 생기기 시작한 시기와 일치하죠."

스비다가 잡지 발간에만 머무르지 않은 것은 중산층의 급격한 성장으로 인해 패션산업이 거대해지리라는 것을 일찌감치 간파했기 때문이다. 1조 7,000억 원 이상의 가치를 지닌 것으로 알려진 인도네시아의 패션산업은 최근 10년 사이 50% 가까이 증가한 중산층 여성들의 소비력에 힘입어 성장했다.

"급속도로 성장하는 신흥국가에게 패션은 매우 중요한 국가산업입니다. 2억 5,000만 인도네시아 사람들을 위한 일이고 중산층만 1,400만 명이라고 치더라도 아주 큰 산업이죠. 패션은 여성의 DNA와도 같고 문화 발전의 상징이기도 합니다."

그녀는 한국 가수의 '강남 스타일'이 한국뿐만 아니라 전 세계 젊은 세대에 영향을 끼친 것처럼 전 세계에 영향을 끼치는 긍정적인 문화를 만들어내고 싶다고 말했다. 외국 트렌드에만 의존하는 것이 아니라 자기 나라만의 독자적인 특징과 문화와 유산을 가진 산업으로 발전시켜 '패션을 인도네시아에 스며들게' 만들고 싶다고 한다.

무슬림 국가인 인도네시아에서 어떻게 패션산업이 발전할 수 있을까? 얼핏 의문이 생기지만 오히려 스비다는 자국의 과거에서 창조의 해답을 찾았다.

원래 인도네시아는 신발과 의류, 섬유 제조업이 크게 발달한 나라였다. 수마트라에서 생산되는 실크의 품질은 최상급이며, 전통 부족들이 생산하는 직조물도 질 좋고 아름답기로 유명하다. 스비 다는 자국의 이러한 전통적, 종교적, 문화적 유산과 현대 패션 트 렌드를 접목했다. 전 세계의 패션에는 저마다 그 문화권 고유의 특 징이 있는 것처럼 아시아 패션도 아시아 시장만의 특징이 있다는 것이다. 인도네시아의 전통의상인 사롱(Sarong : 인도네시아, 말레이 시아, 인도, 스리랑카 등지에서 허리에 두르는 형태로 입는 전통의상)을 다양 한 방식으로 재해석해 만든 패션이 대표적인 예다. 또 하나의 중요 한 특징은 '무슬림 웨어'라 불리는 의상으로, 인구의 대부분이 이 슬람교인 인도네시아에서는 차세대 무슬림 디자이너들이 양성되 고 있다.

"인도네시아는 세계적인 무슬림 국가지만 동시에 현대적인 라 이프스타일을 주도하며 여성과 남성의 창의성을 동등하게 이끌고 있죠. 요즘엔 남성만큼이나 여성에게도 노동 참여 기회를 제공합 니다. 인도네시아의 여성들은 하루 종일 남성들과 같은 공간에서 일하는데 그것이 패션의 또 다른 수요를 만들어냅니다. 이러한 의 복을 '모디스트 웨어(modest wear : 정숙한 의복)' 혹은 '무슬림 웨어' 라고 부릅니다. 신진 무슬림 디자이너들은 무슬림이 말하려는 바 가 무엇인지를 재해석해 무슬림 패션을 만들어내고 있습니다."

문화적, 종교적 전통을 살리되 세계적인 패션계 흐름에 동참하 겠다는 것이다. 스비다가 자카르타 패션위크 개최를 주도한 것은

자카르타에 위치한 프랑스계 고급 백화점인 라파예트 백화점에서 신인 디자이너들의 패션쇼가 인도네시아 젊은 여성들과 패션 피플의 뜨거운 관심 속에서 열렸다.

패션으로 인도네시아의 과거, 현재, 미래를 연결해 재창조하겠다는 꿈을 실현시키기 위해서다. 그녀는 프랑스 고급 백화점 '갤러리 라파예트'의 인도네시아 분점에서 패션쇼 이벤트를 개최하여 재능 있는 신인 디자이너들을 발굴하고 그들에게 자신의 작품을 발표할 기회를 제공하고 있다. 인도네시아 패션산업의 경쟁력은 신세대 디자이너로부터 나온다고 믿기 때문이다.

1년에 두 차례 열리는 이색적인 패션쇼에 외국 바이어들의 관심도 높은 편. 서구권 패션 전문가들도 아시아의 디자이너들이 차세대 패션 트렌드를 이끌게 될 가능성을 결코 간과하지 않고 있다. 재능을 인정받은 신진 디자이너들은 백화점과 계약하거나 상설매장을 갖는 등 더 큰 성장과 성공을 향해 나아갈 수 있다. 세계무대에 진출할 디자이너들을 키우기 위해 영국의 패션 전문그룹과 함께 디자이너 교육프로그램을 만들고, 프랑스나 일본의 패션위크 협회들과 지속적으로 컬래버레이션(collaboration)을 기획하여 세계적 패션 트렌드도 놓치지 않는다. 또한 저널리즘과 미디어, 패션을 함께 움직여 새로운 가능성을 지속적으로 개척하고 있다.

인도네시아 전 창조경제부 장관을 역임한 마리 파게스투 교수(인도네시아대학교 국제경제학과)는 '경제적 가치 면에서 패션은 인도네시아의 가장 중요한 창조산업 중 하나'라고 강조했다. 디자이너들을 발굴하고 교육시키는 프로그램을 통해 개인의 창의성을 창조산업의 가치로 연결시킬 수 있다는 것이다.

페미나그룹 대표이자 인도네시아 패션산업의 선구자 역할을 자처한 스비다. 그녀의 목표는 인도네시아가 뉴욕, 이태리, 파리, 일본을 잇는 패션 선진국이 되는 것이다.

전통을 살리면서도 현대적 감각을 살린 혁신적 디자인을 선보이며 새로운 시장을 개척한 스비다. 그녀는 아세안 무슬림 패션시장의 리더로서 확신을 갖고 있다. 이 모든 것은 AEC 출범에 대비하는 그녀만의 방식이기도 하다. 아세안 시장이 통합되고 유통이 활성화될 때 더 넓은 미래가 열릴 것으로 그녀는 믿고 있다.

약진하는 젊은 유학파

아세안의 사회와 경제를 움직이는 젊은 세대들 중에는 외국에서 공부를 하고 돌아와 자수성가하고 자국의 산업을 개척하는 이들도 있다. 물론 유학파 중에는 부유한 부모덕에 고생을 모르고 자란 이들도 있지만, 고국에서 어려운 어린 시절을 보내고 유학을 통해 넓은 세상을 경험한 후 자신만의 안목과 실력으로 새로운 분야를 개척하는 젊은 사업가들이 변화를 주도하고 있다.

베트남 최초로 억만장자(포브스 선정)에 등재된 후 2013년부터 3년 연속 억만장자에 선정된 베트남 부동산 재벌 팜 넛 부옹(Pham Nhat Vuong). 1968년생인 그는 하노이의 도시빈민 출신이다. 아버지는 북베트남의 군인, 어머니는 길거리 노점에서 차를 팔았다. 러시아 유학 시절까지만 해도 그는 그저 가족을 부양할 수 있기만을 바랐던 젊은이였다. 소련 연합이 붕괴되고 베트남에서도 대대적인 시장개혁이 일어나던 즈음, 그는 대학을 마치고 우크라이나에서 베트남 식 누들가게를 열며 자신의 사업을 시작했다.

그 후 점차 사업 분야를 확장, 베트남에 빈펄(Vinpearl : 관광레저시설)이라는 고급 리조트와 빈컴 센터(Vincom center : 베트남 최초의 상업시설)를 세웠다. 2012년에는 빈펄과 빈컴을 통합하여 부동산개발회사인 지금의 빈그룹(Vin Group)을 설립하기에 이르렀다. 고급 의료서비스업체인 빈맥(Vinmec)을 세우고 호치민에 뉴욕 센트럴파크를 모델로 한 빈홈스 센트럴파크(Vinhomes Central Park)의 개발을 추진하는 등 현재 베트남의 부동산업, 제조업, 의료와 헬스케어 분야를 장악하고 있다. 그의 순자산은 약 17억 달러. 빈그룹은 공산주의 자본 없이 성공한 베트남의 몇 안 되는 기업 중 하나로 꼽힌다. 도시 빈민층에서 남부러울 것 없는 세계적 재벌이 된 그가 중요시하는 것은 베트남의 선진화, 그리고 차세대를 위한 자선사업이라고 한다.

그런가 하면 라오스에는 상류층 여성들 사이에서 모르는 사람이 없는 여성사업가가 있다. 전통을 살린 독특한 패션을 선보이며 라오스 여성들을 사로잡은 의류사업가 비엥캄(Viengkham Nanthavongdouangsy). 그녀는 호주에서 경영학을 공부한 유학파다. 1965년생인 그녀가 아직 어머니 뱃속에 있을 때 라오스는 내전 중이었다. 군인이던 아버지가 전쟁 중에 사망하는 바람에 아버지 없이 커야 했고, 어머니는 베 짜는 일을 하며 생계를 유지했다.

그녀가 어머니에게 베 짜는 일을 처음 배운 건 겨우 여섯 살. 전통 직물을 짜는 것은 집안 여자들이 대대로 하던 일이라고 했다. 어머니는 '베를 못 짜는 여자는 시집도 못 가는 법'이라며 딸을 베틀 앞에 앉혔고, 어릴 때부터 익힌 전통직물에 대한 감각은 훗날 그녀에게 평생의 자산이 됐다. 라오스의 비엔티안대학교에서 영어를 전공한 그녀는 더 넓은 세상을 경험하고 싶었다. 그리고 어릴 때부터 배운 전통직물사업을 경쟁력 있게 발전시킬 수 있도록 실력을 갖추자고 결심했다. 유학비 마련에 가장 큰 도움이 된 것이 바로 직물 짜는 기술이었다. 이 일로 돈도 모으고 1993년에는 직물과 의류를 파는 매장인 팽마이갤러리(Phaeng Mai Gallery)도 문을 열었다. 이윽고 호주로 건너가 경영학과 마케팅을, 다시 방콕에서 패션디자인을 배운 후 고국으로 돌아왔다.

전통직물에 대한 안목에 현대적 패션 감각, 경영 지식까지 겸비한 그녀는 팽마이갤러리를 본격적으로 키우기 시작했다. 그녀가 디자인한 직물과 전통 의상은 점차 입소문을 타며 고객들을 불러모았다. 현대적인 디자인의 옷뿐만 아니라 결혼예복 등 라오스 전통 스타일의 실크 소재 의류가 중상류층 여성들은 물론이고 외국인들에게도 각광을 받고 있다. 오픈 초반에 직원 10명뿐이던 작은 갤러리가 지금은 매장 2곳에 100여 명이 일하는 중견 사업체가 됐다. 그녀가 디자인한 직물과 의복은 일본, 싱가포르, 미국, 유럽에도 수출되고 있는데 이는 라오스에서는 매우 이례적인 일이다. 아시아와 일본에서 디자인 관련 상을 다수 수상했고, 2010년과 2011년에는 실력 있는 디자이너만 참여할 수 있는 '미스 라오스'의 의상 제작자로 활약했다. 2014년 5월에 열린 라오스 패션위크에서 자신의 컬렉션을 발표한 그녀는 장차 뜻이 통하는 파트너를 만나 해외에 매장을 열 계획도 세우고 있다.

'고품질의 실크 직물' 그리고 '라오스 전통 패턴을 살린 독특한 디자인'은 단골손님들로 하여금 비싼 가격에도 불구하고 그녀의 제품을 찾게 만든다. 손님들은 그녀를 '마담 비엥캄'이라 부르며, 중요한 행사가 있을 때나 특별한 선물을 해야 할 때 꼭 팽마이갤러리에 들르곤 한다. 전통과 현대의 접목은 그녀가 추구하는 가장 중요한 디자인 철학이다.

"제 디자인의 핵심은 라오스의 전통을 이어나가는 겁니다. 라오스 전통의상을 만들고 수출하는 일에 대한 자부심이 크죠. 어머니는 직물 짜는 기술로 저희를 먹여 살리셨고, 저는 어머니가 가르쳐주신 기술로 지금의 사업을 일궜습니다. 제 딸 세대는 그들만의 새로운 스타일로 전통을 이어나갔으면 합니다."

그녀의 딸도 패션을 전공하고 어머니 매장에서 일을 도우며 사업을 계승할 준비를 하고 있는데, 비엥캄이 가장 중시하는 것이 바로 교육이다.

"제가 지금의 위치에 있게 된 것은 교육 덕분입니다. 어머니에게 직물 짜는 기술을 배웠지만, 단순히 기술만으로는 지금처럼 발전하기 어려웠을 거예요. 교육과 공부를 통해 꿈을 이룰 수 있게 된 거죠. 미래에 대한 가장 중요한 투자는 교육이라고 생각해요. 다음 세대가 자신의 꿈을 이룰 수 있도록 도와주고 싶습니다."

실제로 그녀는 20년째 교육 지원 사업을 이어오고 있다. 형편이 어려운 학생들에게 집세 등을 지원해 학업을 계속할 수 있도록 하고 자신의 적성에 맞는 일자리를 구할 수 있도록 돕는데, 그녀가 도운 26명의 청소년 중 상당수가 회사나 정부기관에 취업했다. 그녀는 어머니에게서 물려받은 전통 기술을 자신과 딸이 새로이 발전시키고 있는 것처럼 라오스의 차세대에게 희망이 있음을 확신한다고 말했다.

"제가 어렸을 때 라오스의 상황은 좋지 못했어요. 하지만 점점 경제가 나아지고 있습니다. 옛날 속담 중에 '적당히 먹고 따뜻하게 입어라'라는 말이 있었는데 지금은 '적당히 먹고 아름답게 입어라'로 바뀌었죠. 무엇보다 요즘 젊은 라오스 사람들은 점점 실력과 지식이 늘고 있습니다. 특히 AEC가 출범하면 라오스의 사업가들에게도 새로운 기회가 많이 생길 거라고 생각해요."

과거를 극복하고 현재를 발판 삼아 미래를 향해 나아가고 있는 젊은 지식인들. 해외 유학 경험에 창의력과 지식을 갖춘 젊은 인력들이 직접 미래를 만들고 있다.

캄보디아의 밝은 미래

캄보디아 프놈펜의 젊은 사업가들이 대거 모인 어느 자선행사장. 시골의 어린이와 청소년에게 학용품 등을 나눠주는 '백 투 스쿨(Bag To School) 프로젝트'를 위해 젊은 사업가들이 후원자를 모집하고 친목을 도모하는 행사가 열리고 있었다.

이 행사를 주최한 이들은 국제 청년단체 JCI(Junior Chamber International : 국제청년회의소. 1910년 미국에서 창설된 국제기구로서, 전 세계 42세 이하 청년들이 지도 역량을 키우고 지역사회를 개발해 복지사회를 이룩하려는 목표로 사회참여와 봉사활동을 주로 하는 청년단체. 한국은 1954년에 가입했다)의 캄보디아 지사 회원들. 각자 자신의 사업을 운영하는 가운데, 국제 청년단체를 통해 캄보디아 지역사회를 위한 봉사활동에도 앞장서고 있는 젊은이들이다.

제작진은 이 행사장에서 젊은 사업가들 몇 명을 인터뷰할 수 있었다. 캄보디아 경제 성장에 기여하며 전에 없던 변화의 바람을 불러일으키고 있는 새로운 부의 소유자들은 성공에 대한 어떻게 생각하고 기성세대와는 어떻게 다를까? 찌어 쌀라이(남, 39세, 온라인 샵 운영), 펄라(여, 39세, 화장품업체 운영), 분라(남, 36세, 컨설팅업체 운영), 꾸이펫(남, 33세, 운송업체 운영), 치응 쏘페악(남, 33세, 교육업체 운영) 씨 등 33~39세에 이르는 5명의 사업가들에게 캄보디아의 신세대 사업가들이 과거와 어떻게 다르며 미래에 대해 어떤 생각을 하고 있는지에 대해 다음과 같은 이야기를 들었다.

첫째, 아세안에서 젊은 사업가들이 증가하는 가장 중요한 이유는 정보의 개방성 덕분이다. 캄보디아의 경우 최근 5년 동안 30대를 주축으로 한 젊은 사업가들이 급증했는데, 이들의 공통점은 기존에 없던 새로운 영역을 스스로 구상해낸다는 것이다. 외국 경험을 통해 선진국의 발전된 모습을 배우고 본국에서 새로운 사업을 구상하는 이들이 많다. 기성세대 사업가들이 부모의 재산과 사업을 물려받는 것과는 다른 형태다. 이전 세대가 캄보디아의 폐쇄된 사회 안에 갇혀 있었다면 요즘 젊은이들은 글로벌 시대에 빠르게 적응했다. 인터넷을 통해 캄보디아 안에서도 많은 정보를 받아들이며 기술을 활용할 수 있기 때문이다.

둘째, 스스로 부를 개척하는 신흥 부유층은 폐쇄성을 거부한다. 캄보디아의 기성세대 사업가들과 부자들은 풍부한 자금을 갖고 사업을 할 수 있었다. 주어진 자본에 비해 지출은 적었는데, 가족 단위 사업체가 많았기 때문이라고 한다. 동업을 하더라도 가족이나 형제지간이 아니라면 하지 않았다. 그러나 지금의 신흥 사업가들은 이러한 폐쇄성을 거부한다. 가족이 아니더라도 생각이 통하고 투자 가치가 있다고 판단하면 파트너십을 맺을 준비가 돼 있다. 글로벌한 오픈 마인드를 갖고 있는 것이다. 스스로 교육과 훈련을 통해 준비도 많이 하고, 일단 확신이 들면 돈이 없더라도 투자를 받거나 은행에서 대출을 받아 사업을 일으키는 것을 주저하지 않는다.

셋째, 신세대 사업가는 새로운 소비층에 맞는 새로운 분야에 도전한다. 기성 사업가들은 서비스나 품질이 좋지 않아도 경쟁상대가 없었기 때문에 발전을 도모할 이유도 없었다. 하지만 젊은 세대는 경쟁상대가 많기 때문에 시장을 잘 이해해야 하고 품질과 서비스를 더 갖춰야 한다는 부담을 갖고 사업을 한다. 새로운 소재와 기술을 사용해야 하고, 늘 새로운 지식을 받아들여 변화하는 사회 트렌드에 민감하게 반응해야만 한다. 이는 요즘 젊은이들의 기호부터가 예전과 달라졌기 때문이라고 한다. 이전 세대가 캄보디아 음식만 먹었다면 요즘의 캄보디아 젊은이들은 햄버거를 좋아하고 커피전문점에서 카푸치노를 즐긴다. 외국문화를 받아들여 자기 것으로 만드는 속도가 무척 빠르다. 이 때문에 어떤 사업들은 같은 분야라도 소비자층부터 다르다고 한다. 예를 들어 기성세대들은 옛 캄보디아 스타일의 커피숍을 여전히 찾지만 젊은이들은 가지 않는다. 젊은이들이 커피전문점에 가는 이유는 단지 커피만 마시기 위해서가 아니라 서비스가 좋은 근사한 장소에서 이야기를 나누고, 시원한 에어컨이 나오는 곳에서 편안히 쉬고, 인터넷을 사용하고, 더 맛있고 다양한 커피를 마시고, 사진을 찍는 등 좋은 환경을 누리기 위해서다. 이전 세대들은 경험하지 못했던 것들이다. 즉 젊은 세대의 기호를 아는 젊은 사업가들이 운영하는 곳에 젊은이들이 몰리는 것이다.

넷째, 신흥 사업가들은 변화에 대한 두려움이 없다. 캄보디아의 기성세대는 새로운 분야에 도전하고 개척하는 것을 두려워했다. 그러나 요즘 세대는 여행과 공부를 통한 도전 욕구가 강하다. 해외의 최신 정보와 기술을 공유하려 하며, 인터넷을 통해 해외에서 어떤 사업들이 유행하는지에 대해 눈과 귀를 열어놓는다. 변화와 개척에 대한 욕구가 많은 젊은이들로 하여금 새로운 사업에 뛰어들게 하고 있다. 캄보디아는 젊은 인구가 많아지는 추세이기 때문에 이러한 사회 분위기는 앞으로 더 두드러질 것이다.

다섯째, 자본 유입과 AEC 출범으로 변화에 가속이 붙을 것이다. 캄보디아 젊은이들은 사회 환경의 변화를 주시하고 있다. 극빈층도 현저하게 줄고 있고, 산업구조도 농업에서 공업과 산업으로 이동하고 있기 때문이다. 가난에서 벗어나려면 아직 시간이 걸리겠지만 국민들의 삶이 급속히 발전할 것이라는 믿음이 강하다. 그리고 발전을 위해서는 교육과 사업의 기회가 많아져야 한다는 것을 인식하고 있다. 무엇보다도 AEC 출범으로 인해 더 이상 고립되고 가난한 나라가 아닌 다양한 기술과 정보와 문물이 오고가는 나라가 될 거라는 기대감이 커졌다. 더 많은 투자 유치, 새로운 지식과 자본의 유입. 아세안의 경제통합은 캄보디아의 신세대 사업가들에게도 희망이 되고 있다.